AF747410

Le Maroc
et les traités internationaux

Relations internationales dans le monde contemporain

Cette collection réunit sous un même label des travaux de spécialistes centrés sur la questions des Relations internationales en général envisagées sous leurs différents aspects : juridiques et politiques mais aussi stratégiques et économiques. L'histoire diplomatique et les questions militaires trouveront ici également leur place.

Déjà parus

Paul Elvic BATCHOM, *Les parias de la scène internationale, A propos des dynamiques inégalitaires de l'ordre mondial*, 2017.

Hassan OUAZZANI CHAHDI

Le Maroc et les traités internationaux

Tradition et modernité

Préface de Mohamed BENNOUNA

L'Harmattan

DU MÊME AUTEUR :

La pratique marocaine du droit des traités – Essai sur le droit conventionnel marocain, Paris, LGDJ, 1982 (Ouvrage honoré du prix Georges Scelle),
Les sources constitutionnelles des droits de l'enfant en tant que principes généraux du droit, in *La protection internationale des droits de l'enfant* (Collectif), Paris, PUF, 1983,
Droits de l'homme et Administrations publiques – Cas du Maroc (Collectif), Institut international des Sciences administratives, Bruxelles, 1997,
Les conventions internationales et le droit interne. Cas des droits de l'Homme, Rabat, Centre de Documentation, d'Information et de Formation en Droits de l'Homme, 2002 (en langue arabe),
Droit administratif, Casablanca, Imprimerie Najah El Jadida, 2003 (Ouvrage publié grâce à la généreuse contribution de la Fondation Konrad Adenauer),
Évaluation du système de gouvernance au Maroc – Suivi des progrès accomplis en matière de bonne gouvernance (Rapport national présenté dans le cadre d'un groupe de travail à la Commission économique de l'ONU pour l'Afrique – CÉA), Rabat, Diwan 3000, janvier 2006,
La protection juridique de l'environnement en Méditerranée – Le système de Barcelone in *La convergence des politiques juridiques pour un développement commun dans l'espace euro-méditerranéen* (Collectif), Paris, Publisud et REMALD, 2012.

© L'Harmattan, 2018
5-7, rue de l'École-Polytechnique, 75005 Paris

http://www.editions-harmattan.fr

ISBN : 978-2-343-13964-7
EAN : 9782343139647

PRINCIPAUX SIGLES EMPLOYÉS

ACDI :	*Annuaire de la Commission de Droit international*
AFDI :	*Annuaire français de Droit international*
BO :	*Bulletin officiel*
CA :	*Cour d'Appel*
CCDH :	*Conseil consultatif des Droits de l'Homme*
CESDH :	*Convention européenne de sauvegarde des Droits de l'homme*
CJI :	*Cour internationale de Justice*
CNDH :	*Conseil national des Droits de l'Homme*
CPJI :	*Cour permanente de Justice internationale*
IHÉI :	*Institut des hautes Études internationales*
IISA :	*Institut international des Sciences administratives*
JCS :	*Jurisprudence de la cour suprême*
JORA :	*Journal officiel de la République algérienne*
LGDJ :	*Librairie générale de Droit et de Jurisprudence*
MAEC :	*Ministère des Affaires étrangères et de la Coopération*
NU :	*Nations Unies*
PIDCP :	*Pacte international des Droits civils et politiques*
PUF :	*Presses universitaires de France*
RCADI :	*Recueil des cours de l'Académie de Droit international*
RGDIP :	*Revue général de Droit international public*

REMALD : *Revue marocaine d'Administration locale et de Développement*
RMD : *Revue marocaine de Droit*
UE : *Union européenne*

NOTE AU LECTEUR

La rédaction de cet ouvrage fait suite à une conférence que nous avons prononcée à la médiathèque de la Fondation de la Mosquée Hassan II, à Casablanca.
Par la même occasion, nous avons estimé utile d'actualiser certains points de *La pratique marocaine du droit des traités,* un ouvrage que nous avons publié en 1982 à la Librairie générale de Droit et de Jurisprudence (LGDJ).

PRÉFACE
Par Mohamed BENNOUNA

Hassan Ouazzani Chahdi est certainement le meilleur connaisseur de la pratique marocaine en matière de droit des traités internationaux, à laquelle il avait consacré, en 1979, une brillante Thèse de Doctorat. C'est pour cela qu'il lui revenait de revisiter cette question qui a connu une évolution considérable, surtout avec l'adoption, en 2011, de la dernière Constitution en date.

Cette évolution a consisté principalement à concilier la pratique marocaine avec les exigences du Droit international telles qu'elles figurent, notamment, dans la Convention de Vienne de 1969 sur le Droit des traités entre États, ratifiée par le Maroc en 1972. Selon ce texte, qui a désormais valeur coutumière : « *Une partie ne peut invoquer les dispositions de son droit interne comme justifiant la non-exécution d'un traité* » (article 27).

La Constitution marocaine, mais également la pratique législative et jurisprudentielle, ont clarifié la relation entre les obligations internationales de notre pays et son Droit interne, particulièrement en ce qui concerne la mise en œuvre des grandes conventions multilatérales sur les droits de l'Homme. Le Maroc a ainsi progressivement mis de l'ordre dans son Droit interne dans le sens du strict respect de ses obligations internationales librement consenties. C'était la condition pour instituer l'État de Droit dans un monde où le Droit international s'insère dans de nombreux aspects de la vie quotidienne, même si la plupart de nos concitoyens n'en ont pas encore pleinement conscience.

Hassan Ouazzani Chahdi, dans le cours de son analyse, tout en finesse et en érudition, n'a pas manqué de relater les dernières péripéties propres à l'exécution de certains accords entre le Maroc et l'Union européenne. À ce propos, il faut se souvenir qu'« *une organisation internationale partie à un traité ne peut invoquer les règles de l'organisation comme justifiant la non-exécution du traité* » (article 27 de la Convention de Vienne de 1986 sur le Droit des traités entre États et organisations internationales ou entre organisations internationales). Cela relève de la nécessité d'un État de Droit au niveau international, ce qui implique le respect, par les organisations internationales elles-mêmes, de leurs engagements à l'égard des États, dont le Maroc.

Mohamed BENNOUNA
Juge à la Cour internationale de Justice

INTRODUCTION GÉNÉRALE

On peut se demander, a priori, quel est l'intérêt d'aborder une telle question au moment même où d'autres problèmes préoccupent aujourd'hui l'opinion publique ? Mais, lorsqu'on voit la place qu'occupent aujourd'hui les traités internationaux dans la nouvelle Constitution du 1er juillet 2011 et le nombre d'accords et de conventions conclus par le Maroc tant sur le plan bilatéral que multilatéral, on comprend l'intérêt que peut présenter la réflexion sur cette question.

« *Le rôle fondamental des traités dans l'histoire des relations internationales* » et leur « *importance de plus en plus grande en tant que source du droit international et en tant que moyen de développer la coopération pacifique entre les Nations* [...] » ont été soulignés par la Convention de Vienne sur le Droit des Traités de 1969 dès le début de son préambule[1].

En Droit international, le « *traité* » a été défini comme « *tout accord conclu entre sujets du droit des gens, c'est-à-dire entre membres de la communauté internationale* »[2].

---

[1] *Cf.* Pierre-Marie Dupuy, *Grands textes de droit international public,* Paris Dalloz, 1996, p. 223. *Cf.* également la documentation française, n°3622 du 25-9-1969.

[2] *Cf.* Ch. Rousseau : *Droit international public,* T.2, *Introduction et sources,* Paris, Sirey, 1970, p. 62. On peut signaler que certains auteurs ont présenté une autre définition qui intègre les principes « *Pacta sunt servanda* » (le respect des traités prévu par l'article 26 de la Convention de Vienne susvisée) et l'exécution de bonne foi des traités. Ce qui donne la définition suivante : « *Un traité est un acte juridique international, imputable à deux ou plusieurs sujets de droit international, par lequel les parties sont liées et qui doit être exécuté de bonne*

La présente étude s'appliquera ainsi à toutes les formes de traités conclus par le Maroc, bilatéraux ou multilatéraux, solennels ou en forme simplifiée, et quelle que soit leur dénomination[3]. Elle s'appliquera aussi aux traités conclus entre l'État marocain et les organisations internationales ainsi qu'aux accords dits de prêt qui intéressent le développement du pays. Elle concernera également les traités d'amitié, de navigation et de commerce conclus par le Maroc dans le passé. À ce sujet, il convient d'observer que les traités internationaux constituent une richesse de l'histoire diplomatique du Maroc. L'une des caractéristiques essentielles du Droit conventionnel marocain d'avant 1912 réside dans la multiplicité et la diversité des accords conclus par l'Empire Chérifien dans différents domaines. Ce qui démontre bien que le Maroc disposait, au même titre que les États de l'Europe, de la souveraineté juridique, de la personnalité internationale et de la

---

foi » H. Thierry et autres, *Droit international public,* Paris, Éditions Montchrestien, 1975, p. 64.

[3] À ce sujet, on peut signaler avec certains auteurs que la terminologie des divers actes internationaux est extrêmement variée. Les termes les plus généralement utilisés sont les suivants : traité (terme appliqué ordinairement, mais non exclusivement aux engagements internationaux portant sur un objet important), convention (terme fréquemment appliqué lorsqu'il y a lieu de poser des règles de Droit), pacte (terme récent et particulièrement solennel), statut (employé pour les traités multilatéraux à caractère institutionnel), acte (lorsqu'il s'agit d'énoncer des règles de Droit), déclaration (quand on entend établir des principes juridiques ou affirmer une attitude commune), protocole (vocable appliqué aux actes les plus différents, visant tantôt à poser des règles de Droit, tantôt à appliquer, prolonger, compléter, interpréter ou modifier un traité préexistant dont il est l'accessoire), arrangement (instrument diplomatique habituellement destiné à fixer les modalités d'application d'un traité antérieur ou à établir un régime provisoire), accord (terme très général et d'un contenu technique), *modus vivendi* (accord de caractère provisoire), avenant (accord modifiant un instrument antérieur de caractère commercial). *Cf.* à ce sujet, Ch. Rousseau, *op. cit.,* p. 67. Ce qu'il faut retenir, c'est que tous ces instruments conventionnels peuvent également et indifféremment être utilisés pour la réalisation d'une opération juridique déterminée. Tous matériellement équivalents ont par suite la même force obligatoire (*Ibid.,* p. 68.). Dans son avis consultatif du 5 septembre 1931 relatif au régime douanier entre l'Allemagne et l'Autriche-Protocole du 19 mars 1931, la CPJI précise que : « *Au point de vue du caractère obligatoire des engagements internationaux, on sait que ceux-ci peuvent être pris sous forme de traités, de conventions, de déclarations, d'accords, de protocoles ou de notes échangées* » (Cf. le site web de la Cour permanente de Justice internationale, *Arrêts, Ordonnances et Avis consultatifs,* série A/B, Fascicule n°41, p. 47).

capacité requise pour conclure les traités : « *L'analyse de ces actes, devait dire le vice-président de la CIJ Fouad Ammoun dans son opinion individuelle relative à l'affaire du Sahara, dénote l'existence d'une autorité marocaine étatique et politique incarnée par le Sultan qui personnifiait l'État dont il exerçait tous les pouvoirs* »[4].

C'est dans des termes semblables que s'exprimait le Maréchal Hubert Lyautey dans une circulaire de 1920 considérée comme son testament politique à la veille de son départ du Maroc : « *Ici nous avons réellement trouvé un État et un peuple. Il passait, il est vrai, par une crise d'anarchie, mais crise relativement récente et plus gouvernementale que sociale, si le Maghzen n'était plus qu'une façade, du moins tenait-il encore debout et il suffisait de remonter à peu d'années pour retrouver un gouvernement effectif, faisant dans le monde figure d'État avec de grands ministres, des ambassadeurs ayant frayé avec des hommes d'État européens et dont plusieurs survivaient encore et survivent toujours. Au-dessous du Maghzen, la plupart des institutions étaient encore debout, diverses selon les régions mais représentant vraiment des réalités, administrations des villes fort bien gérées, corporations, djemââs et tribus, grandes firmes commerciales, une très forte bourgeoisie éclairée riche et puissante* »[5].

Par sa position stratégique, le Maroc constitue également un trait d'union entre les civilisations africaine et européenne, orientale et occidentale. Il était donc prédestiné à conclure, comme on peut le constater, un nombre considérable de traités avec la plupart des puissances européennes de l'époque et aussi avec les États-Unis d'Amérique, qui venaient de proclamer leur indépendance le 4 juillet 1776.

La situation géographique du Maroc apparaît depuis fort longtemps comme l'un des facteurs essentiels du développement des échanges avec l'extérieur, de sorte que l'Empire Chérifien représentait, aux yeux des puissances coloniales de l'époque, le meilleur débouché pour écouler leurs produits fabriqués. C'est là

---

[4] *Cf.* CIJ : *Recueil des arrêts, avis consultatifs et ordonnances*, 1975, p. 87.

[5] Cette circulaire a été citée par le conseil du gouvernement marocain à la séance publique de mercredi 2 juillet 1975 au Palais de la Paix à La Haye dans l'affaire du Sahara – CIJ, *Compte-rendu* du C.R.75-75-11, p. 12.

qu'elles espéraient trouver, comme l'affirment certains auteurs, un champ d'action pour leur activité en même temps que différentes ressources inépuisables[6].

La situation privilégiée du Maroc explique d'ailleurs les convoitises des grandes puissances européennes et l'intérêt porté par ces dernières au pays : « *Toute cette région,* devait écrire Lucien Félix, en parlant du Maroc, *est particulièrement riche et l'on comprend l'importance attachée par les différentes puissances à cet État qui jouit, de plus, d'une situation géographique merveilleuse* »[7].

Ce qu'il faut retenir d'ores et déjà, c'est qu'à travers l'ensemble de ces traités, le Maroc a acquis des pratiques originales en matière de conclusion des conventions internationales et de diplomatie : ce qui permet de le distinguer des autres pays du continent. Même pendant la période du protectorat (1912-1956), le Maroc a sauvegardé sa personnalité juridique sur le plan international. Il a gardé de ce fait le « *treaty making power* », c'est-à-dire le pouvoir de conclure les traités internationaux avec, il est vrai, certaines limites qui résultaient du traité de Fès du 30 mars 1912 lui-même, et lorsqu'on évoque le protectorat, on doit s'interroger sur le sort des traités préexistants conclus par l'État marocain jusqu'à 1912.

Nous verrons dans ce cas que les traités constituent un élément de renforcement de la continuité de l'existence de l'État marocain et de sa personnalité juridique indépendamment du régime du protectorat.

Richesse donc de l'histoire diplomatique marocaine, élément de renforcement de la continuité de l'État marocain, les traités internationaux occupent aujourd'hui une place très importante dans le Droit positif et notamment dans la Constitution du 1er juillet 2011.

Ce sont là les points essentiels à travers lesquels nous tenterons de présenter cette étude.

---

[6] *Cf.* L. Félix, *Le statut international du Maroc d'après les traités,* Paris, A. Pedone, 1928, p. 7.

[7] *Ibid.*, pp : 6 et S.

CHAPITRE I.
LES TRAITÉS :
RICHESSE DE L'HISTOIRE DIPLOMATIQUE DU MAROC

Un bref aperçu de cette histoire diplomatique permet de bien comprendre cette richesse.

SECTION I.- APERÇU SUR L'HISTOIRE DIPLOMATIQUE DU MAROC

Deux périodes apparaissent dans cet aperçu historique à travers les traités conclus par les autorités marocaines : celle des dynasties régnantes au Maroc jusqu'à l'arrivée au pouvoir des souverains alaouites et celle des accords conclus sous l'égide de cette dynastie.

§1.- LES ACCORDS CONCLUS SOUS L'ÉGIDE DES DYNASTIES RÉGNANTES AU MAROC JUSQU'À L'ARRIVÉE AU POUVOIR DES SOUVERAINS ALAOUITES

On peut faire remonter les accords conclus par le Maroc avec l'étranger au règne des Almoravides. Selon certains historiens, les premières relations commerciales du Maroc avec l'Europe ont été établies avec les ports italiens et français (Marseille, Gênes, Fréjus et Antibes). Il ne faut pas oublier qu'à cette époque, il existait un autre phénomène qui avait marqué les relations internationales : il s'agit de la « *course* » ou la « *piraterie* », dont l'impact sur ces relations n'est pas moindre si l'on songe aux différents traités conclus entre les sultans du Maroc et les princes chrétiens en vue de garantir leurs flottes contre les prises et les attaques provoquées par les corsaires. C'est dans cette perspective qu'il convient de placer l'accord conclu entre le Maroc et la République de Pise en 1186[8], dont les termes de l'article 4 sont significatifs à ce sujet : « *Si un homme considérable de Pise ou des pays soumis au gouvernement de Pise prend la mer pour voler ou attaquer les musulmans ou de leur nuire de quelque manière que ce soit, les Pisans sont obligés de poursuivre et de punir le coupable comme s'il eut méfait contre ses propres concitoyens* ».

A.- L'ÉPOQUE ALMOHADE

Sous les Almohades, la vie diplomatique était devenue à un certain moment très dynamique et on peut même dire très mouvementée. En effet, il ne faut pas oublier que c'est grâce au grand sultan Almohade Yacoub El Mansour que les armées espagnoles ont été battues en 1195 à *Alarcos* (الأرك en langue arabe).

Mais il faut dire aussi que c'est sous les Almohades que les armées marocaines et andalousites ont subi la grande défaite de Las Navas de Tolosa en 1212. C'est à partir de cette époque que se sont développées les relations entre la Papauté et les derniers sultans almohades. C'est également dans cette perspective qu'il convient de placer la lettre pontificale adressée par le Pape Innocent IV au Sultan du Maroc Omar Al-Mortada dans laquelle il lui conseilla, comme il l'avait fait auparavant à ses prédécesseurs, de se convertir au Christianisme afin que les chrétiens qui se trouvaient au Maroc à l'époque soient mieux protégés. Bien entendu, la réponse d'Al-Mortada, intervenue le 10 juin 1250 était négative[9]. On doit, cependant, signaler que le souverain marocain, dans sa réponse avec le Pape Innocent, insiste sur les valeurs spirituelles du Prophète Mohammed en faveur de qui il fait les prières pour

---

[8] *Cf.* M. L. de Mas-Latrie, *Traités de paix et de commerce et documents divers concernant les relations des chrétiens avec les arabes de l'Afrique septentrionale au Moyen-âge,* Paris, Plon, 1866, p. 29.

[9] *Cf. Hespéris,* 1926, p. 27. *Cf.* également A. Enan, *The age of the Almoravides and Almohades*, in *Maghreb and Moslem Spain,* Lajnatul-Taalif Press, Le Caire, 1964 (édition en langue arabe).

montrer au souverain pontife qu'il n'avait aucunement l'intention d'embrasser la religion chrétienne. C'est à la suite de cette lettre que le Pape reconnaît que la foi est affaire de conscience. Il se retourne alors vers l'autre moyen qui consistait à assurer la sauvegarde des intérêts chrétiens.

En réalité, les relations de la Papauté avec les Sultans almohades datent du règne d'Al Mamoun (1229-1232), le premier Sultan almohade à avoir consenti la construction d'une église pour les chrétiens sur une terre d'Islam à Marrakech et ce, à la suite de la trêve signée en 1228 avec le Roi Ferdinand III de Castille qui, en contrepartie d'une aide militaire permettant à Al Mamoun proclamé Calife en Espagne et non en Afrique, de conquérir le pouvoir au Royaume du Maroc contre son neveu Yahya Ben Nasir, réclamait la cession de dix places fortes espagnoles et le libre exercice du culte par la milice chrétienne, c'est-à-dire « *le droit d'avoir une église où on sonnera les cloches, de telle sorte que si un chrétien se convertit à l'Islam, sa conversion ne sera pas acceptée alors que si, au contraire, un musulman embrasse la religion catholique, il reste libre d'agir ainsi et ne sera pas inquiété* »[10].

En dehors de ces tractations d'ordre religieux, les almohades avaient signé un certain nombre de traités qui ont permis l'accroissement du trafic extérieur et le développement des contacts avec l'étranger.

B.- LES MÉRINIDES

Les Mérinides, qui avaient succédé aux Almohades à partir de 1270, avaient, eux aussi, conclu quelques accords, dont une entente avec la République de Pise en 1358 et surtout le traité de Fès de 1309 par lequel les navires aragonais et catalans qui venaient accoster dans les ports méditerranéens particulièrement à Ceuta ou qui continuent à destination de Larache, Salé, Anfa et Azemmour bénéficiaient de droits très avantageux[11].

---

[10] *Cf. L'église chrétienne de Marrakech au XIII*ème *siècle, Hespéris,* 1927, p. 69.
[11] *Cf. Histoire du Maroc,* Paris, Hatier, 1957, p. 155.

C.- LES OUATTASITES

Les Sultans Ouattasites, qui succédèrent aux Mérinides, avaient eux aussi noué des relations diplomatiques avec l'Europe et surtout avec les Rois de France. L'initiative dans ce cas était prise par François Ier qui, en 1533, décida d'envoyer une ambassade auprès du Sultan ouattassite Ahmed Ben Mohamed, sous la conduite du colonel Pierre de Piton. Mais aucun traité n'avait été conclu entre les deux souverains parce que l'autorité des Ouattassites ne s'étendait pas sur l'ensemble du territoire et que, de toute façon, ils n'avaient régné que peu de temps au Maroc[12].

D.- LES SAADIENS

Les Saadiens, qui succédèrent aux Mérinides, avaient porté leurs efforts sur l'unité de l'Empire Chérifien, et ceci, grâce à l'intelligence de deux grands sultans : Moulay Abdelmalek et Ahmed El Mansour. Le premier maîtrisait l'italien et l'espagnol, et pouvait correspondre plus facilement avec les diverses puissances d'Europe[13]. Le second s'était rendu populaire aussi bien à l'intérieur qu'à l'extérieur du pays depuis la Bataille des Trois Rois de 1578, qui avait mis fin aux visées portugaises sur le Maroc et au cours de laquelle le jeune roi du Portugal Don Sébastien avait trouvé la mort. Il ne faut pas oublier aussi que ce sont les Saadiens qui avaient repoussé les Turcs d'Alger, au-delà de Tlemcen.

La vie diplomatique sous les Saadiens était très active à la fois par les traités qu'ils ont conclus avec l'Europe et aussi par les ambassades qu'ils avaient commencé à envoyer à l'étranger, notamment aux Pays-Bas.

Pour ce qui est des traités conclus sous les Saadiens, les plus importants sont les accords franco-marocains des 17 et 24 septembre 1631 et 18 janvier 1635.

Mais c'est surtout le traité de 1610 avec les Pays-Bas qui avait marqué l'époque saadienne. La signature d'un tel accord,

---

[12] Sur cette ambassade, *Cf.* J. Caillé, *La représentation diplomatique de la France au Maroc,* Paris, E. Pedone, 1951, p. 9.

[13] *Cf.* H. De Castries, *Les signes de validation des Chérifs Saadiens*, Revue *Hespéris,* 1921, pp. 231 et s.

comme le fait observer Jacques Caillé, « *constitue un événement dans les milieux diplomatiques européens. En effet, c'était la première fois qu'un pays chrétien concluait un véritable traité avec le Maroc. Tous les représentants des puissances accrédités auprès des États Généraux en informèrent aussitôt leur gouvernement et lui envoyèrent une copie de la convention du 24 décembre 1610* »[14].

§2.- LES TRAITÉS CONCLUS PAR LES SOUVERAINS ALAOUITES

A.- LES TRAITÉS ANTÉRIEURS AU XIXÈME SIÈCLE

Les Sultans alaouites, qui ont succédé aux Saadiens, ont, eux aussi, conclu plusieurs accords avec l'étranger et envoyé des ambassades en Europe. Les raisons qui expliquent la conclusion de ces accords sont presque les mêmes que celles qui avaient motivé la conclusion des traités sous les Saadiens, c'est-à-dire : la sécurité du commerce international, la liberté de navigation, la prohibition de la piraterie et la recherche de nouveaux alliés contre les Espagnols.

Sous Moulay Ismaïl (1672-1727) par exemple, on cite très souvent le traité de Saint-Germain-en-Laye, conclu avec le Roi Louis XIV le 29 janvier 1682 et dont les négociations étaient menées par un diplomate très connu à l'époque : l'Amiral Abdellah Ben Aïcha.

D'ailleurs, Ben Aïcha était devenu par la suite ambassadeur du Maroc à Paris et devait, pendant son ambassade, qui a duré du 11 novembre 1698 au 25 mai 1699, essayé de conclure un autre traité, qui n'a pas abouti[15].

Mais, c'est surtout sous le règne du petit-fils de Moulay Ismaïl, le Sultan Sidi Mohammed Ben Abdellah (1757-1790), connu aussi sous le nom de Mohammed III, que les relations avec l'Europe ont pris un grand essor, à telle enseigne que certains

---

[14] Cf. J. Caillé, *Les accords internationaux de Sidi Mohammed Ben Abdellah*, Paris, LGDJ, 1960, pp. 37 et s. Pour les ambassades envoyées par les Saadiens à l'étranger, *Cf.* J. Caillé, *Ambassades et missions marocaines aux Pays-Bas à l'époque des sultans Saâdiens, Hespéris,* 1963, p. 5.

[15] *Cf.* sur cette ambassade, Ph. De Cossé Brissac, *Les sources inédites de l'histoire du Maroc*, 2ème série, Tome V, Paris, Geuthner, 1953, pp. 1 et s.

auteurs qualifient d'ailleurs très justement l'année 1767 d'« *année diplomatique par excellence* » parce qu'on a assisté à la conclusion de plusieurs accords durant cette année, dont notamment un traité conclu avec la France et un autre avec l'Espagne, qui avait reconnu l'existence des présides[16]. À ce sujet, il faut dire que les Sultans du Maroc ont essayé à maintes reprises de les assiéger et de les reprendre. Ce fut d'abord Moulay Ismail qui, disposant de forces considérables, avait résolu de s'emparer des présides et de chasser les Espagnols et pendant qu'il assiégeait Melilla, l'un de ses lieutenants et son fils investissaient étroitement Ceuta et Penon de Velez. Ce n'est d'ailleurs qu'après la levée du siège de Ceuta (Sebta) qui a duré 27 ans que l'Espagne à décidé de profiter de cette « *accalmie* » pour régulariser ses relations politiques, commerciales et maritimes avec le Sultan[17]. Trois traités de paix et d'amitié ont été alors signés avec Sidi Mohammed Ben Abdellah. L'un de ces traités a été conclu le 28 mai 1767, le même jour que la signature d'autres accords avec certains pays européens comme la France et le Danemark[18].

C'est également sous Sidi Mohammed Ben Abdellah que commencèrent les premières relations avec les États-Unis et c'est là peut-être qu'il convient de placer le traité d'amitié, de commerce et de navigation conclu avec eux le 25 janvier 1787 et qui est toujours en vigueur[19]. C'est aussi à Sidi Mohammed Ben Abdellah que le premier président des États-Unis, George Washington, avait

---

[16] *Cf.* pour l'ensemble de ces traités, J. Caillé, *Les accords internationaux de Sidi Mohammed Ben Abdellah, op. cit.* Le mot « *Présides* » vient de l'espagnol « *présidos* », qui signifie forteresse puis, par extension « *prisons* ». Ces lieux ont servi au XIXème siècle de relégation. Appliqués au Maroc, les présides sont de deux catégories : présides majeurs (Ceuta et Melilla), présides mineurs (Penon de Velez et les îles Chafarines). Sur l'ensemble de la question, *Cf.* R. Lazrak, *Le contentieux territorial entre le Maroc et l'Espagne,* Casablanca, Dar El Kitab, 1974.

[17] *Cf.* à ce propos, R. De Card, Les relations de l'Espagne et du Maroc pendant le XVIIIème et le XIXème siècle, Paris, Éditions A. Pedone, 1905, p. 15.

[18] *Cf.* H. De Castries, *Le Danemark et le Maroc (1750-1767),* Revue *Hespéris,* 1926, pp.327-349.

[19] *Cf.* à ce sujet, H. Ouazzani Chahdi, *Les relations maroco-américaines au XIXème siècle*, in *Le Maroc de l'avènement de Moulay Abdelaziz à 1912,* Université d'été de Mohammedia, du 21 au 31 juillet 1987, Volume 3, Imprimerie de Fedala, 1989, pp. 117 à 130.

adressé une lettre le 1er janvier 1789 dans laquelle il le remerciait pour avoir accepté d'intervenir auprès des gouvernements de Tripoli et de Tunis, qui étaient en conflit avec les États-Unis et qui ne voulaient pas les reconnaître[20].

B.- AVEC LE XIXÈME SIÈCLE, S'OUVRE UNE PÉRIODE DIFFICILE POUR LA DIPLOMATIE MAROCAINE

a.- D'abord, on doit souligner que l'occupation de l'Algérie par la France en 1830 devait susciter un vif retentissement parmi la population marocaine ; ce qui a entraîné une détérioration des relations entre le Maroc et la France. Le 14 août 1844, les armées françaises avaient remporté une victoire à l'occasion de la bataille d'Isly. Le Maroc dut alors accepter les conditions de paix qui ont été proposées par la France. Une convention de délimitation des frontières fut alors signée entre la France et le Maroc en 1845 à la Lalla Maghnia[21].

On doit cependant préciser que la frontière algéro-marocaine n'existe pas seulement depuis la conclusion de cette convention[22], car, bien avant l'occupation de l'Algérie par la France, il y avait déjà une frontière naturelle entre l'Algérie turque et le Maroc ainsi que le rappelle l'article 5 du traité de paix de Tanger de 1844 : « *La délimitation des frontières entre les possessions de S.M. l'Empereur des Français et celles de S.M. l'Empereur du Maroc reste fixée et convenue conformément à l'état de choses reconnu par le Gouvernement marocain à l'époque de la domination des Turcs en Algérie. L'exécution complète et régulière de la présente clause fera l'objet d'une convention spéciale négociée et conclue sur les lieux entre les plénipotentiaires désignés à cet effet par S.M. l'Empereur des Français et un délégué du Gouvernement marocain. S.M. l'Empereur du Maroc s'engage à prendre sans délais, dans ce but, les mesures convenables et à en informer le gouvernement français* ».

---

[20] *Cf.* cette lettre dans Rom Landau, *Muroran drama*, 1900-1955, First published, 1956, R. Hale Limited London, 1956, pp. 184 et s.

[21] *Cf.* sur cette convention R. De Carel, *Les traités entre la France et le Maroc*, Paris, A. Pedone, 1898, p. 54.

[22] *Cf.* pour l'historique de la conclusion de la convention de Lalla Maghnia H. Ouazzani Chahdi, *La pratique marocaine du droit des traités*, Paris, LGDJ, 1982, p. 45.

Dans cette perspective, la convention de Lalla Maghnia n'avait pour objectif principal que la confirmation d'une délimitation préexistante. D'ailleurs, l'article 1er du présent traité dispose : « *Les deux plénipotentiaires sont convenus que les limites qui existaient autrefois entre le Maroc et la Turquie resteront les mêmes entre l'Algérie et le Maroc. Aucun des deux Empires ne dépassera la limite de l'autre ; aucun d'eux n'élèvera, à l'avenir, de nouvelles constructions sur le tracé de la limite ; elle ne sera pas désignée par les pierres. Elle restera, en un mot, telle qu'elle existait entre les deux pays avant la conquête de l'Empire d'Algérie par les Français* ».

Il faudra préciser que, « *néanmoins, au lieu de suivre ces prescriptions, les négociateurs marocains et français avaient adopté un tracé largement favorable au projet français dont le but avoué était, notamment, l'établissement d'une frontière assez vague en ce qui concerne les régions sahariennes donnant lieu par la suite à tous les empiètements et à toutes les annexions* »[23].

Les archives de l'époque démontrent clairement toutes ces intentions. Une dépêche de la légation de France à Tanger en date du 5 avril 1900 annonce à cet égard que « *si le makhzen a été surpris par notre entrée à In Salah, puis quelque peu découragé par une sorte de désintéressement qu'il a rencontré chez les légations étrangères, attitude qui a coïncidé avec le maximum de difficultés de l'Angleterre au Transvaal, à l'heure actuelle, les informations ont abondé à Marrakech sur nos opérations sahariennes... Il faut avouer, d'autre part, ainsi du reste, que je*

---

[23] A cet égard, le chroniqueur de l'hebdomadaire officiel *La Marche verte* (22 février 1976, n°11) commentant la conclusion de la convention de Lalla Maghnia, pouvait noter que « *la négociation (de cette convention) s'engagea mal. Les deux parties disposaient de moyens bien inégaux et les négociateurs français usèrent de moyens d'intimidation pour imposer leur volonté* ».
Le Roi Hassan II pouvait constater, également, au sujet de l'imprécision de cette délimitation : « *À l'Est de notre pays, lorsque la France eut transformé l'Algérie en départements, la frontière n'avait été déterminée que sur 150 kilomètres de l'embouchure du Kiss à Taniat Sassi. Plus bas, au Sud, la frontière demeurait imprécise et nous n'y pouvions rien. Des territoires marocains occupés militairement par les troupes françaises avaient été purement et simplement rattachés aux zones administratives du Sud et du Sud-ouest algériens. Certaines populations se considéraient comme algériennes alors que d'autres nous rendaient allégeance* ». (Hassan II, *Le Défi*, Paris, Albin Michel, 1976, p. 89).

l'écrivais dès le début de nos opérations au département que l'établissement de notre domination à travers toutes les palmeraies du Tidikelt au Gourara sur chacun des ksour, peut être marqué d'une série de combats dont nous avons un intérêt primordial à écarter la durée de par l'émotion qui en résultera dans ce pays voisin de l'Algérie... Or, Inrhar, est encore à l'extrémité du Tidikelt et il reste à conquérir le noyau du Touat, puis le Gourara avec le Massif de Timmimoun »[24].

Ainsi, toute l'ambiguïté provient des négociations de la convention de Lalla Maghnia et on comprend dans ce cas pourquoi l'Empereur Moulay Abderrahman avait refusé de ratifier cette convention et les protestations qu'il avait élevées contre la conduite des négociateurs marocains, qui s'étaient laissés corrompre par l'ennemi de la religion ainsi que cela découle d'une correspondance en date du 27 Rabiaa 1er 1261 de l'hégire entre le Sultan et le Gouverneur de Tanger Bouselham Ben Ali[25].

Dans une autre lettre, le Sultan refusa non seulement de ratifier la convention, mais aussi d'envoyer des délégués marocains à Paris, porteurs du texte ratifié par le Souverain chérifien afin de procéder à l'échange des instruments de ratification, ainsi que cela découle d'une note de présentation de l'archiviste du Roi, jointe à la présente lettre[26].

Devant l'obstination de Moulay Abderrahmane, la France avait multiplié les moyens de pression et les menaces qui vont du bombardement des ports marocains jusqu'à l'occupation d'Oujda

---

[24] *Cf.* Archives du Quai d'Orsay, *Maroc, Politique étrangère, Dossier général,* janvier 1895, Mai 1901, Vol. I, p. 216 (c'est nous qui soulignons).

[25] Cette lettre se trouve conservée à la Direction des Archives Royales sous le n°146. *Cf.* El Ouataiq, Recueils périodiques publiés par la Direction des Archives Royales. Recueil 1er, Rabat, Imprimerie royale, 1976, p. 486. Toutes les lettres de l'époque portaient uniquement la date musulmane, la correspondance avec le calendrier grégorien n'a fait son apparition qu'après le protectorat. Elles sont toutes écrites en arabe. Aussi, nous sommes-nous référés pour leur traduction à l'article paru dans *La Marche verte* n°11 du 22 février 1976 : *Moulay Abderrahmane Ben Hicham n'a jamais ratifié la convention de Lalla Maghnia du 18 mars 1845.*

[26] *Ibid.*, p. 490. Cette lettre se trouve également conservée à la Direction des Archives Royales de Rabat et porte le n°147. Toutes ces lettres sont revêtues du petit sceau du Sultan portant la mention « *Abderrahmane Ben Hicham, que Dieu le soutienne* ».

ou l'annexion pure et simple de cette région, ainsi que pouvait l'observer l'archiviste du Roi. Le Sultan, ajoute la note, a eu recours finalement à une sorte d'expédient qui, tout en éloignant les menaces, ne compromet en rien l'intégrité du territoire. Le Sultan accepta alors de ratifier la convention, à condition, dit-il, « *qu'elle soit expurgée de tout ce qui porte atteinte à notre intégrité territoriale* ».

L'histoire mouvementée de la ratification de la convention de Lalla Maghnia nous montre que les problèmes frontaliers marocains ne se posent pas dans les mêmes termes que dans les autres pays africains. La frontière algéro-marocaine, que certains auteurs examinent dans les ouvrages portant sur la succession d'États[27], n'intéresse qu'indirectement cette théorie, du fait qu'il n'existe qu'un seul État successeur, l'Algérie, dont le territoire était annexé à la France et réparti en trois départements, de telle sorte qu'au lendemain de l'indépendance du Maroc, il ne s'agissait pas de résoudre un problème de succession mais de validité du texte d'une convention établissant une frontière. Or, d'après ce qui précède, le traité de Lalla Maghnia, ainsi que l'accord qui l'avait prévu et ceux qui l'ont complété en 1901 et 1902, sont des traités inégaux qui étaient imposés au Maroc par la force à une époque où l'égalité militaire entre les deux pays faisait défaut. Ils doivent, de ce fait, être considérés comme nuls après l'indépendance. Néanmoins, en 1956, le gouvernement marocain avait préféré différer le règlement des frontières à plus tard. Il avait même refusé les propositions françaises en la matière, mettant ainsi l'accent sur la fraternité, l'amitié et le bon voisinage des peuples marocain et algérien. « *Alors que la guerre d'Algérie tirait à sa fin,* écrit le Roi Hassan *II, la France nous offrit, à plusieurs reprises de régler avec nous la question des frontières à l'Est et au Sud. Nous refusâmes. Un communiqué commun du Gouvernement provisoire d'Algérie (GPRA) et du nôtre précisa que* "les problèmes de délimitation territoriale entre le Maroc et l'Algérie les concernant seuls, ne peuvent être réglés qu'entre les deux États et en dehors de toute prétention ou ingérence étrangère" ».

---

[27] *Cf.* à titre d'exemple Okon Udodang, *Succession of New States to international treaties,* Dobbs Ferry (New-York), Ocean publications, 1972, pp. 399 et s.

Effectivement, après l'indépendance de l'Algérie, le Maroc engagea des négociations avec le gouvernement algérien en vue de la révision des traités de frontières.

Cependant, les autorités algériennes préoccupées, semble-t-il, à l'époque par l'installation des nouvelles institutions, avaient préféré différer le règlement des problèmes frontaliers à plus tard, ainsi que cela découle des conversations engagées en mars 1963 entre le président Ben Bella et le Roi Hassan II : « *Je demande à Votre Majesté de me laisser le temps de mettre en place en Algérie les nouvelles institutions. Lorsqu'en septembre ou octobre ce sera fait, alors, nous ouvrirons ensemble ce dossier des frontières. Il va sans dire que l'Algérie indépendante ne saurait être l'héritière de la France en ce qui concerne les frontières algériennes* »[28].

Entre-temps, le conflit frontalier algéro-marocain, qui avait éclaté dans les localités de Hassi Beïda et de Tindouf, avait gelé les discussions entre les deux pays[29]. Il a fallu attendre 1972 pour que les deux pays, conformément à une déclaration du 15 juin 1972 sur les frontières, concluent une convention de coopération pour la mise en valeur du gisement de Gara-Djebilet[30], qui, sans abroger les traités antérieurs à l'indépendance, semble au contraire, les affirmer ainsi que cela résulte du préambule de la présente convention : « *En application du traité d'Ifrane en date du 15 janvier 1960, de la déclaration commune de Tlemcen du 27 mai 1970, du commu-niqué commun de Rabat du 6 juin 1972 et de la déclaration algéro-marocaine de Rabat en date du 5 juin 1972* ».

« *Considérant le traité de délimitation conclu à Lalla Maghnia le 18 mars 1845 en ses dispositions portant délimitation de la frontière algéro-marocaine, ainsi que des textes subséquents, notamment la convention du 20 juillet 1901 et l'accord du 20 avril 1902, en leurs dispositions portant délimitation de la frontière entre les deux États, décident à cette fin, de conclure la présente convention…* »[31].

---

[28] *Cf.* B. Boutros-Ghali, *Les conflits de frontière en Afrique,* Paris, Éditions Techniques et Économiques, 1972, p. 36.

[29] Pour plus de détails sur ce conflit, B. Boutros-Ghali, *Les conflits de frontière en Afrique, ibid.,* pp. 33 et ss.

[30] *Le Monde,* Paris, 1er juillet 1975, p. 3. Revue *Maghreb* n° 52, juillet-août 1972, p. 15.

[31] Cf. BO n° 4157 du 1er Juillet 1992, p. 282.

Néanmoins, si cette convention a été ratifiée par l'Algérie en mai 1973 et publiée au journal officiel de la République algérienne n°48 du 15 juin 1973 par le gouvernement algérien, le Maroc ne l'a ratifiée qu'en 1989. C'est, en effet, le 14 mai de la même année que l'échange d'instruments de ratification du Royaume du Maroc a été effectué à Alger.

b.- Outre cette convention de frontière passée avec la France, le Maroc avait conclu également d'autres accords durant cette première moitié du XIXème siècle :

- Un traité signé avec les États-Unis à Meknès le 19 septembre 1836 toujours en vigueur. Ce traité a servi de modèle pour la conclusion en 1856 de 2 traités avec la Grande- Bretagne, l'un dit traité général, l'autre portant sur les relations commerciales du Maroc avec l'Angleterre. Ces deux traités ont été conclus par le Sultan Moulay Slimane et la Reine Victoria.

- Avec l'Espagne, le Maroc avait conclu durant cette période trois principales conventions : la première, signée à Tétouan le 24 Août 1859, visait essentiellement l'extension des limites de la juridiction de Melilla et l'adoption de mesures nécessaires à la sécurité des présides mineurs ; la deuxième convention, conclue avec l'Espagne, fut le traité de paix du 26 avril 1860 qui a mis fin à la guerre de Tétouan entre les 2 pays, puis un traité de commerce conclu en 1861.

- La dernière convention bilatérale conclue durant le XIXème siècle fut le traité de commerce signé avec la France le 4 octobre 1892.

- Il convient d'ajouter à la liste de ces accords conclus pendant le XIXème siècle des conventions multilatérales telles celles concernant la navigation et la sécurité sur les côtes du Maroc : il s'agit d'abord de la convention de Tanger du 31 mai 1865 sur le Cap Spartel et de l'accord conclu les 27 et 29 janvier 1892 concernant le même Cap. Par la première convention, le Sultan du Maroc avait accepté la construction aux frais du gouvernement marocain d'un phare au Cap Spartel. Par le deuxième accord, le Sultan avait consenti à la construction d'un sémaphore au même Cap pour la signalisation des navires.

- À côté de ces accords, il faut mentionner la convention de Madrid de 1880 qui avait réglementé le problème dit de « *protection* », qui était de pratique courante à l'époque au Maroc.

À la suite de la mort du Sultan Moulay Hassan Ier en 1894, son fils Moulay Abdelaziz, qui lui succéda, était trop jeune pour s'occuper des affaires de l'État. La politique du pays était de ce fait entre les mains des régents dont le plus connu était Ba Ahmad. Ce fut d'ailleurs à cette époque que le Maroc devint la convoitise de puissances européennes de l'époque. C'est dans ce contexte qu'il convient de placer les tractations intervenues au début du siècle. Il s'agit, pour la plupart, d'accordes secrets conclus à l'insu du Maroc par la France, principale puissance intéressée au devenir de l'Empire Chérifien et qui voulait avoir les mains libres au Maroc, avec l'Italie en 1900, avec l'Angleterre en 1904 et avec l'Espagne en 1902 et 1904. À ces accords, on doit ajouter les ententes franco-allemandes conclues en 1905 et qui constituent en quelque sorte les préliminaires de l'acte d'Algésiras du 7 avril 1906[32].

Pendant l'année 1910, trois accords ont été conclus par le Maroc avec la France, l'Espagne et l'Italie. Le dernier traité conclu avant le protectorat fut l'accord franco-allemand de 1911, auquel le Sultan avait donné son adhésion par la suite. Cet accord n'a fait en réalité que préparer le Traité de Fès du 30 mars 1912 par lequel la France avait institué son protectorat sur le Maroc. C'est un traité conclu entre deux États souverains.

Quelles sont, à la suite de cet aperçu historique, les implications de la conclusion de ces accords sur la diplomatie et la pratique du Maroc en matière de Droit des traités ?

SECTION II.- LES IMPLICATIONS DES ACCORDS CONCLUS PAR LES AUTORITÉS MAROCAINES JUSQU'À 1912 SUR LA DIPLOMATIE ET LA PRATIQUE MAROCAINE DU DROIT DES TRAITÉS

Aux termes de cet aperçu historique, on peut émettre quelques observations, qu'on peut ramener essentiellement à deux : d'une part, le développement de la diplomatie marocaine et,

[32] *Cf.*, pour plus de détails sur l'acte d'Algésiras, H. Ouazzani Chahdi, *la pratique marocaine du droit des traités*, op. cit , pp, 68 et s- v. de même, *La conferencia de Algeciras y las relaciones internacionales* (sous la direction de : Juan Manuel de Faraminan Gilbert et Victor Luis Gutiérrez Castillo), *Fundacion Tres culturas del Mediterraneo* , imprime Artes Graficas Gandolfo,2006- cf , également, Y.Famchon, *le Maroc d'Algésiras à la souveraineté économique* , Paris, Ed. des relations internationales 1957.

d'autre part, l'existence d'une pratique originale en matière de conclusion des traités internationaux.

§1.- LE DÉVELOPPEMENT DE LA DIPLOMATIE MAROCAINE

À travers la conclusion de l'ensemble de ces traités, le Maroc a développé toute une diplomatie parce que, pour régler un problème déterminé, traiter une question de commerce, de navigation, faire la paix et nouer des amitiés, il recevait des missions diplomatiques soit il envoyait à l'étranger des ambassades.

Les envoyés des deux côtés étaient chargés de mener des négociations pour aboutir à la conclusion d'un accord.

A.- AMBASSADES ET MISSIONS DIPLOMATIQUES ÉTRANGÈRES AU MAROC

Au début, c'étaient surtout des consuls ou des marchands qui s'établissaient dans les ports marocains, notamment à Tanger, et ce n'est que vers la fin du XIXème siècle qu'on a commencé à voir apparaître des chargés d'affaires, des ministres plénipotentiaires ou des envoyés extraordinaires. Par exemple, Saint René Taillandier, qui a présenté un plan de réformes, au Sultan Moulay Abdelaziz en 1905 et que les oulémas avaient rejeté, était envoyé extraordinaire. Il résidait à Tanger de 1901 à 1906. Eugène Regnault, qui a signé le traité du protectorat avec Moulay Hafid, était également envoyé extraordinaire et ministre plénipotentiaire (de 1906 à 1912).

Il suffit de consulter l'étude de Jacques Caillé La représentation diplomatique de la France au Maroc[33] pour se rendre compte du nombre des missions que la France avait envoyées auprès des Sultans du Maroc pour régler des problèmes entre les deux pays.

Ce qu'il faut retenir de ces missions diplomatiques, c'est que les négociations avec les souverains marocains étaient généralement menés par des représentants d'un rang supérieur à celui des consuls. C'est ainsi que les traités de 1631 et 1635 avec le Sultan saadien Moulay El Oualid (successeur de Moulay Zidan) ont été

---

[33] J. Caillé, *la représentation diplomatique de la France au Maroc*, Paris, Éditions A. Pedone, 1951.

signés à Marrakech du coté français par Isaac de Razilly (que Richelieu, ministre de Louis XIII, avait nommé en 1923 chef d'escadre de Bretagne) et par le Capitaine de vaisseau Priam du Chalard[34].

Certains souverains marocains étaient très exigeants au sujet de la qualité des négociateurs qu'ils allaient recevoir pour la conclusion d'un traité ou pour régler un problème déterminé.

On raconte que le Sultan Moulay Ismaïl avait adopté une attitude très stricte en matière de vérification des pouvoirs des envoyés étrangers. C'est dans ce sens qu'il a adressé une lettre de protestation à Louis XIV au sujet des pouvoirs conférés au fils du consul français de Salé, Estelle, en vue de mener les négociations de paix de 1693 : « *Un marchand peut parler de ce qui concerne son travail , il peut aussi contribuer de ses soins à faire savoir des nouvelles de part et d'autre et faire tenir un papier ou être le porteur d'une lettre... C'est pourquoi si Votre Majesté a une véritable intention de parler d'affaires à fonds et avec sincérité, qu'elle nous envoie un des grands seigneurs de sa cour sur les paroles de qui on puisse faire fonds, y ajouter créance et conférer avec lui, qu'il vienne nous trouver à ce dessein et dans cette intention...* »[35].

Ce fut à la suite de cette lettre que Louis XIV avait envoyé en ambassade Pidou de Saint-Olon, qui est arrivé à Meknès le 2 juin 1693 et ne fut reçu par le Souverain que 9 jours après.

Certains accords conclus par le Sultan Mohammed III mentionnent expressément les titres des négociateurs dans le corps du traité lui-même. Ce fut le cas de l'accord conclu avec Venise le 15 juin 1765, dont l'article final dispose : « *Nous Giovanni Comata, ministre chargé d'affaires par la Sérénissime République de Venise, en vertu des pouvoirs qui nous ont été conférés par*

---

[34] J. Caillé, *La représentation diplomatique de la France au Maroc, op. cit.*, p. 23.

[35] *Cf.* R. de Card, *Les traités entre la France et le Maroc,* Paris, A. Pedone, 1893, pp. 21 et s. *Cf.* aussi, H. Ouazzani Chahdi, *La pratique marocaine du droit des traités, op. cit.*, pp. 96 et 97. *Cf.* également sur Moulay Ismaïl, le Sultan Moulay Ismaïl (en langue arabe), Publications du Rectorat de l'Université Moulay Ismaïl, Meknès mars 1995.

celle-ci, nous avons signé de notre propre main les présents articles de paix et d'amitié »[36].

Le traité conclu avec les Pays-Bas par l'entremise du Capitaine de haut bord, Jean Henri de Kinsbergen, le 29 juin 1777, comporte lui aussi une disposition semblable : « *Je soussigné, Jean Henri de Kinsbergen au service de leurs Hautes Puissances, Messeigneurs les États généraux des Pays-Bas certifie et déclare avoir renouvelé la paix avec Sa Majesté, l'Empereur du Maroc, en conséquence du pouvoir qui m'a été donné par Monseigneur, le contre-amiral Pichot, commandant l'escadre de leurs Hautes Puissances sur les côtes de Barbarie…* ».

B.- AMBASSADES ET MISSIONS MAROCAINES EN EUROPE

Du côté marocain, l'histoire diplomatique marocaine comporte également des noms illustres de négociateurs et d'ambassadeurs. On peut citer à ce sujet, l'ambassade de l'amiral Ben Aïcha à Paris pour conclure le traité franco-marocain de Saint-Germain-En-Laye de janvier 1682. Ben Aïcha est reparti en ambassade à Paris le 11 novembre 1698 pour conclure un nouveau traité de paix au nom de Moulay Ismaïl avec Louis XIV. Il est resté à Paris jusqu'au 25 mai 1699 sans conclure aucun traité. Le Pacha de Tanger, Mohamed Ben Abdelmalek, était envoyé par le Sultan Sidi Mohammed Ben Abdellah en ambassade à Vienne en 1783 pour conclure un traité avec l'Empereur Joseph[37].

Mohammed Ben Othman était parti également en ambassade à Madrid pour conclure avec le Roi d'Espagne un traité d'amitié et de commerce en date du 30 mai 1780. Les négociations étaient menées du côté espagnol par le Comte de Florida Blanca.

L'Amiral Haj Abdelkader Perez avait conduit lui aussi une ambassade à Londres entre le 26 novembre 1723 et le 5 septembre 1724[38].

---

[36] *Cf.* pour ce traité, J. Caillé, *Les accords internationaux de Sidi Mohammed Ben Abdellah op. cit.*, p. 181.

[37] *Cf.* à ce titre J. Caillé, *Une ambassade marocaine à Vienne en 1783,* Revue *Hespéris*, 1962, p. 35.

[38] *Cf.* pour plus de détails, Abdelmajid Kaddouri, *Ambassadeurs marocains en Europe (1610-1922).*
سفراء مغاربة في أوربا 1610 -1922- 35منشورات كلية الآداب بالرباط - 1995

Parallèlement au développement de la diplomatie, la conclusion des traités internationaux a permis au Maroc d'avoir, aussi, durant cette longue période, des pratiques originales dans ce domaine.

§2.- L'EXISTENCE D'UNE PRATIQUE ORIGINALE EN MATIÈRE DE CONCLUSION DES TRAITÉS

La pratique suivie par les autorités marocaines à ce sujet ne s'écartait pas, en principe, des règles générales de forme et de procédure en usage à l'époque dans les autres chancelleries étrangères avec, bien entendu, des techniques particulières, notamment en matière de rédaction et de ratification des traités.

A.- LA RÉDACTION DES TRAITÉS

À ce niveau, on peut signaler que la rédaction des traités internationaux au Maroc en langue arabe a subsisté jusqu'à la veille du protectorat. La langue arabe était presque toujours utilisée à côté de celles des autres parties contractantes avec lesquelles le Maroc était amené à traiter ainsi que le mentionnent expressément certains accords comme celui conclu en 1635 entre Louis XIII et le Sultan Moulay El Oualid : « *Je certifie que les articles de la paix dont copie est ci-dessus transcrite, sont conformes et de la même teneur que ceux que le Roi du Maroc a signés, écrits en langue arabe*»[39]. La même mention se trouve dans les traités conclus durant le XIXème siècle comme celui de Tanger du 31 mai 1865 relatif à l'administration et l'entretien du Cap Spartel : « *Fait double original en Français et en Arabe, à Tanger, la protégée de Dieu, le cinquième jour* ».

Lorsque les négociations eurent lieu à l'étranger, le traité était d'abord rédigé en langue étrangère et envoyé ensuite au Maroc pour être signé et scellé par le Sultan. Ce fut la technique adoptée par les Sultans mérinides dans leurs relations avec les Princes chrétiens d'Espagne ainsi que cela découle d'une note du Secrétaire archiviste jointe au registre de la couronne d'Aragon décrivant avec précision la manière dont on devait procéder pour la

---

[39] *Cf.* sur l'ensemble de ces questions, H. Ouazzani Chahdi, *La pratique marocaine du droit des traités, op. cit.*, pp. 98 et ss.

confection du traité maroco-aragonais arrêté à Saragosse et confirmé à Carinéna en 1357 entre Pierre IV d'Aragon et le Sultan du Maroc Abou-Einan : « *Deux parchemins pliés longitudinalement en deux colonnes, reçurent d'abord, en présence de l'Ambassadeur musulman, le texte catalan écrit sur la colonne de droite, texte qui fut arrêté et confirmé au bas par l'apposition du sceau d'Aragon. Les parchemins furent remis, ensuite, l'un au mandataire marocain, l'autre à un envoyé chrétien qui, tous deux, eurent à se rendre au Maroc pour faire écrire le texte arabe sur la colonne de gauche et faire apposer au bas la signature et le cachet du Sultan. L'envoyé chrétien rapporta, ensuite, en Aragon, l'original qui lui avait été confié* »[40].

La rédaction en 2 langues de l'ensemble de ces traités posait le problème de leur traduction. Celle-ci était facilitée par la présence presque à tous les stades de la négociation de l'interprète qui tenait un rôle très important dans la confection du traité : Sous les Mérinides l'interprète était habituellement « *l'un des drogmans royaux ou l'un des drogmans attitrés de la douane, juif, arabe ou chrétien. Quelquefois, le Sultan chargeait l'un des Officiers de la milice chrétienne de servir de truchement pour les conférences et la rédaction du traité. L'interprète et le notaire écrivain assistaient aux discussions préparatoires et dressaient, ensuite, en commun, l'instrument original de l'accord : l'interprète lisant ou répétant à haute voix ce que le notaire écrivait. En certaines circonstances, on voit l'interprète écrire d'abord sa traduction et le notaire mettre ou grossoyer, ensuite, cette minute dans sa forme authentique* »[41].

Sous les Saadiens et, notamment sous le règne de Moulay Zidan, la famille Pallache[42], juifs marocains au service du Sultan avait joué un rôle semblable dans les discussions du Souverain avec les puissances étrangères. Certains membres de cette famille avaient même accompli des missions diplomatiques à l'étranger au nom du Sultan. Le Sultan alaouite Mohammed III avait, lui aussi,

---

[40] *Cf.* de Mas-Latrie, *op.cit.*, p. 282.

[41] *Ibid.*, p. 285.

[42] Nicole Sebag-Serfaty, *Les courtisans juifs des sultans marocains. Hommes politiques et hauts dignitaires.* XIIIème–XVIIIème siècles, Saint-Denis, Éditions Bouchène, 1999 (264 p.).

dans sa Cour, des interprètes juifs marocains, ainsi que cela ressort d'une lettre publiée en français d'après une traduction des archives de la section historique du Maroc à Paris. Cette lettre était « *écrite en français par l'interprète du Sultan, l'israélite Sumbel et remise aux consuls de Tanger par le Secrétaire Mohammed El Gadiri* »[43].

B.- LA RATIFICATION

En matière de ratification des traités, les recherches effectuées à ce sujet montrent, à titre d'exemple, que sous les Mérinides, les techniques employées n'étaient pas différentes de celles utilisées par les Rois maures d'Espagne, qui faisaient usage pour approuver leurs traités, de sceaux suspendus (mou'âllaquine) par des lacets analogues à ceux qui scellaient les anciennes chartes françaises.

Le document était ensuite validé par une marque graphique.

Ce double signe de validation était annoncé à la fin du document par la formule suivante : « وجعلنا عليه خط يدينا وعلقنا عليه طابعنا ».

« *Et Nous avons apposé sur la présente Notre signature et Nous y avons suspendu Notre sceau* »[44].

Avec les Saadiens, des techniques plus perfectionnées avaient vu le jour comme « *le Seing Manuel* » appelé en arabe « *L'Alama* », qui existait déjà chez les souverains hafsides de Tunis et que Ibn Khaldoun (qui avait rempli des fonctions de Secrétaire du Sceau, donc de l'Alama auprès du Sultan Abou-Ishak) décrit de la façon suivante : « *Quelquefois,* dit-il, *on trace, au commencement ou à la fin du document, en guise de sceau, une phrase renfermant, soit des Louanges à Dieu, soit une formule de glorification et dans laquelle on introduit le nom du Sultan, de l'Émir ou de l'individu, quel qu'il soit, qui a écrit la lettre... Ce monogramme indique que l'écrit est authentique et valide* »[45].

---

[43] *Cf.* J. Caillé, *Les accords internationaux de Sidi Mohammed Ben Abdellah, op. cit*, p. 228.

[44] *Cf.* H. de Castries, *Les signes de validation des Chérifs Saâdiens, op. cit.*, p. 231.

[45] *Cf.* H. de Castries, *Les signes de validation des Chérifs Saâdiens, op. cit.*, p. 237.

C'est par cette technique que fut ratifié le traité de La Haye, du 24 décembre 1610, rédigé en français sur papier Japon de grand format (1,95m x 0,37m). Il était validé par le monogramme saadien placé en tête du document dont la clause finale mentionne cette validation de la façon suivante : « *En temoing de quoy, avons en ceste presente a appozé notre seing Manuel en ceste nostre emperière mayson de Marrocques* »[46].

« *L'Alama* » des Saadiens, écrit en caractères compliqués, presque indéchiffrables, correspondait à la formule « *Al Hamdou Lillahi Wahdah* » c'est-à-dire « *Louange à Dieu seul* », dont l'origine remonte au Sultan almohade Yacoub-El-Mansour (1185-1199), qui « *avait écrit cette formule pour la première fois au début de ses lettres et répandu l'usage dans son immense empire qui s'étendait des Pyrénées à l'Égypte et, de là, dans tous les pays de l'Islam* »[47].

Cette formule utilisée par les premiers Alaouites subsiste encore de nos jours. Cependant, sous le règne de cette dynastie et, notamment, à partir de celui du Sultan Mohammed III, à côté de la formule de validation par le sceau différent, certes, de celui des Saadiens, on a commencé à voir apparaître le système de « *la lettre de ratification* ».

Sans doute, ne s'agit-il pas « *des lettres de ratifications* » qui sont actuellement en usage dans les relations internationales et qui sont, soit échangées comme des instruments de ratification dans le cadre d'un accord bilatéral, soit déposées auprès d'un organe dépositaire (comme le Secrétaire général de l'ONU) pour la ratification des conventions multilatérales.

La lettre de ratification en question est une correspondance diplomatique adressée par le Sultan du Maroc à un autre chef d'État par laquelle le souverain marocain donne son consentement pour la ratification de l'accord en question. Ainsi, c'est par lettre en date du 25 décembre 1780, adressée au Roi d'Espagne Charles III, que le Sultan Mohammed III avait ratifié la convention du 30 mai 1780[48].

---

[46] *Ibid.*, p. 241.
[47] *Ibid.*
[48] *Cf.* J. Caillé, *Les accords internationaux de Sidi Mohammed Ben Abdallah, op. cit.*, p.237.

Le traité conclu avec les deux Siciles le 18 octobre 1782 dispose également, en son article 5 que « *l'Empereur du Maroc donnera son consentement à cette paix et la ratifiera ; il enverra sa lettre de ratification au Roi d'Espagne pour que celui-ci la transmettra au Roi des deux Siciles qui fera parvenir sa réponse à l'Empereur du Maroc* ».

Cette technique est restée constante jusqu'à la veille du protectorat. Les accords franco-marocains du 17 novembre 1910 ont été également ratifiés de cette façon ainsi que cela résulte de la déclaration faite au moment de la signature par les plénipotentiaires marocains, El Haj Mohamed ben Abdeslam el Mokri, le ministre des Finances et Si Abdallah el Fassi, adjoint au ministère des Affaires étrangères (viziriat d'el Bahr) : « *Louanges à Dieu, le présent accord comprenant la question de la Chaouïa et Casablanca, la question de la région frontière et les principes relatifs à la question financière, ayant reçu la ratification de Sa Majesté chérifienne suivant sa lettre à ses ambassadeurs en date du 27 moharrem 1328 correspondant au 8 février 1910, nous le signons à titre définitif* »[49].

Cette technique fut employée pour la dernière fois par la chancellerie marocaine avant le protectorat, lors de l'approbation de l'accord franco-allemand du 4 novembre 1911[50].

La question qui se pose au sujet de cet édifice conventionnel du Maroc indépendant ou de l'Empire Chérifien est de savoir quel était le sort de ces conventions, de ces actes internationaux et des pratiques marocaines qui se sont développées à cet égard à la suite de la conclusion du traité du 30 mars 1912, qui a établi le protectorat de la France sur le Maroc. Il convient d'affirmer à ce sujet que certains traités conclus à l'époque sont toujours en vigueur. Ils ont subsisté pendant la période du protectorat. Ce qui a constitué un renforcement de la continuité de la personnalité juridique de l'État marocain durant cette période.

---

[49] Ces accords ont été conclus à Paris entre le ministre français des Affaires étrangères Pichon et les plénipotentiaires marocains. *Cf.* L. Rivière, *Traités, codes et lois du Maroc,* Tome 1, Paris, Sirey, 1924, p. 108. *Cf.* aussi, H. Ouazzani Chahdi, *La pratique marocaine du droit des traités, op. cit.,* pp. 106 et s.
[50] *Ibid.,* p. 107.

CHAPITRE II
LA CONTINUITÉ DES ENGAGEMENTS DU MAROC PENDANT LA PÉRIODE DU PROTECTORAT

La continuité de ces engagements est liée au système du protectorat appliqué au Maroc de 1912 à 1956 ; ce qui nous amène à nous interroger sur la nature de ce système et sur ses incidences à l'égard des traités préexistants conclus par le Maroc jusqu'en 1912.

SECTION I.- LA NATURE DU SYSTÈME DU PROTECTORAT APPLIQUÉ AU MAROC[51]

§1.- TYPOLOGIE DES PROTECTORATS

Sur le plan du droit international, on fait généralement la distinction entre le protectorat de droit des gens ou (du droit international) et le protectorat colonial.

A.- LE SYSTÈME INSTITUÉ PAR LE TRAITÉ DE FÈS DE 1912

Il s'agit d'un protectorat de type international ou de droit des gens que le Dictionnaire de terminologie de droit international

---

[51] *Cf.* pour plus de détails sue ces questions, H. Ouazzani Chahdi, *La pratique marocaine du droit des traités, op. cit.*, pp. 114 et s. *Cf.* également, H. Ouazzani Chahdi, *Le système du protectorat appliqué au Maroc et le droit international, in État et Société au Maroc – Les défis du monde moderne,* Centre Mohamed Hassan Ouazzani pour la démocratie et le développement humain, Casablanca, 2015, pp. 19 et s.

définit comme : « *L'union de deux États, établie d'ordinaire par traité, dans laquelle l'État protégé, tout en conservant son caractère d'État, obtient de l'État protecteur l'engagement de le défendre contre certains dangers intérieurs ou extérieurs sans réciprocité ; l'État protecteur exerçant certaines compétences notamment d'ordre extérieur, appartenant jusque là à l'État protégé et notamment la responsabilité internationale correspondante. Les modalités du protectorat et les conséquences juridiques qu'il comporte varient beaucoup d'un cas à l'autre* »[52].

Selon le Maréchal Lyautey, « *La conception du protectorat est celle d'un pays gardant ses institutions, se gouvernant et s'administrant lui-même avec ses organes propres sous le simple contrôle d'une puissance européenne, laquelle substituée à lui pour la représentation extérieure, prend généralement l'administration de son armée, de ses finances, le dirige dans son développement économique. Ce qui domine et caractérise cette conception, c'est la formule contrôle opposée à la formule : administration directe* »[53].

Dans une expression demeurée célèbre, la Cour permanente de Justice internationale (CPJI) devait dire au sujet du protectorat de droit des gens que : « *Malgré les traits communs que présentent les protectorats de droit international, ils possèdent des caractères juridiques individuels résultant des conditions particulières de leur genèse et de leur degré de développement* »[54].

B.- SUR LE PLAN JURIDIQUE

Sur le plan juridique, le protectorat de droit international se distinguait d'un autre type de protectorat dit « *colonial* », qui s'appliquait à « *la situation d'une puissance qui exerce, dans un territoire habité mais qui, à défaut d'une organisation politique suffisante, ne constitue pas un État et qui ne relève d'aucun État,*

---

[52] *Cf.* J. Basdevant, *Dictionnaire de terminologie de droit international,* Paris, Sirey, 1960, p. 485.

[53] Circulaire du Maréchal Lyautey du 18 novembre 1920, citée par J. Basdevant, *op. cit.,* p. 486. Cette circulaire est considérée comme un testament politique laissé par le Maréchal Hubert Lyautey à la veille de son départ du Maroc.

[54] CPJI, *Décrets de nationalités promulgués à Tunis et au Maroc,* Série B, n°4, p. 27.

non la souveraineté territoriale mais certains droits souverains avec titre exclusif à l'acquisition de la pleine souveraineté »[55].

Ce système s'est appliqué aux anciens protectorats de la France sur l'Annam, le Tonkin, le Cambodge.

Ce type de protectorat, comme son nom l'indique, peut conduire à une colonisation pure et simple. D'ailleurs, même le protectorat de Droit international peut, dans certains cas, s'achever par une colonisation, avec la disparition de l'État protégé et de ses institutions. C'est ce qui s'est produit pour Madagascar, où le protectorat institué par la France n'a duré que quelques années, de 1885 à 1896. Madagascar était devenu depuis 1896 une véritable colonie de la France. La Reine Marina avait renoncé à sa souveraineté, tout en acceptant l'annexion de l'île par la France[56].

§2.- LES PARTICULARITÉS DU PROTECTORAT MAROCAIN

Dans la pratique française de la colonisation, les colonies étaient considérées comme des territoires français. Elles étaient, de ce fait, rattachées au ministère des Colonies alors que les protectorats de Droit international (Maroc et Tunisie) relevaient des services du ministère des Affaires étrangères.

Le Maroc est un vieil État qui, au surplus, bénéficiait, à la veille du protectorat, d'une histoire diplomatique très riche. Il avait de ce fait noué des relations internationales non seulement avec les États européens, mais également avec les États-Unis d'Amérique : le Maroc était d'ailleurs parmi les premiers pays à avoir reconnu l'indépendance de cet État, avec lequel il avait conclu, comme on a vu, un traité d'amitié, de navigation et de commerce le 18 juillet 1787[57].

De plus, le statut juridique du Maroc pendant la période du protectorat était soumis à une double tutelle : tutelle économique résultant de l'acte d'Algésiras, qui imposait à l'Empire Chérifien le principe de la liberté économique sans aucune inégalité et que la France devait respecter à l'égard de tous les signataires de l'Acte.

---

[55] *Cf.* J. Basdevant, *op.cit, p. 486 et ss.*

[56] *Cf.* à ce sujet, D. Bardonnet, *La succession d'États à Madagascar,* Paris, LGDJ, 1970.

[57] *Cf.* à ce sujet, H. Ouazzani Chahdi, *Les relations maroco-américaines au 19ème siècle, op. cit.,* pp. 117 et ss.

Tutelle politique aussi qui résultait du système de protectorat établi au Maroc. Ce système était compliqué par le fait que le territoire marocain n'était pas soumis uniquement au régime du protectorat de la France. Ce qui constituait une autre particularité de la situation du Maroc durant cette période par rapport à l'Algérie et la Tunisie. Le territoire marocain était, en effet, soumis par le traité de Fès lui-même à 3 régimes :

- un protectorat de la France,
- une zone d'influence espagnole. C'est la France qui a reconnu l'existence de cette zone nord et au sud au profit de l'Espagne, qui a transformé progressivement la zone nord en protectorat.
- Tanger, zone internationale, une sorte de protectorat collectif.

Cependant, bien que le Maroc ait été administrativement divisé de 1912 à 1956 en trois zones, il n'en reste pas moins que le territoire marocain était un et indivisible au regard des principes de la souveraineté nationale. Il appartenait à l'Empire Chérifien dans son ensemble. Celui-ci avait une seule autorité, le Sultan.

Quels sont, après avoir déterminé la nature juridique du système de protectorat appliqué au Maroc, les effets de ce régime établi par le traité de Fès du 30 mars 1912 sur les engagements internationaux du Maroc ?

SECTION II.- LES EFFETS DU PROTECTORAT SUR LES ENGAGEMENTS INTERNATIONAUX DU MAROC

§1.- LA SURVIVANCE DE LA PERSONNALITÉ INTERNATIONALE DU MAROC

Les difficultés que rencontraient certains pays qui étaient érigés en colonies au lendemain de leur indépendance en matière de succession d'État ne se sont pas posées pour le Maroc parce que le protectorat n'avait pas mis fin à l'existence juridique de l'État marocain. Le Maroc a gardé sa personnalité internationale pendant la période du protectorat : « *En signant le traité de protectorat, comme pouvait l'observer le professeur Flory, le Maroc s'est comporté comme un État souverain et indépendant, il a conservé sa personnalité internationale après la signature. Il n'est donc plus question d'assimilation, de fusion ou d'annexion* »[58].

En effet le traité de Fès reconnaissait que le régime du protectorat « *sauvegardera la situation religieuse, le respect et le prestige traditionnel du Sultan, l'exercice de la religion musulmane et des institutions religieuses notamment celles des Habous. Il comportera l'organisation d'un Makhzen chérifien réformé* » (article 1er).

Sur le plan diplomatique, le Maroc était représenté par les agents diplomatiques et consulaires de la France, qui étaient alors chargés aussi de la protection des sujets et des intérêts marocains à l'étranger.

Le Maroc avait perdu, de ce fait, son ministère des Affaires étrangères, qui s'appelait le vizirat d'El Bahr (ministère de la Mer), et c'était le Résident général de la France au Maroc qui assurait cette fonction auprès du Sultan.

Cependant pour ratifier ou adhérer à une convention internationale (surtout multilatérale), la France devait absolument avoir l'accord du Sultan, qui était donné sous la forme de Dahir, lequel constituait les instruments de ratification ou d'adhésion du Royaume du Maroc.

S'agissant de la conclusion des traités, le Sultan pouvait ratifier ou adhérer à une convention internationale, mais avec l'assentiment de la France. L'article 6 du traité de Fès disposait tout simplement : « *SM le Sultan s'engage à ne conclure aucun acte ayant un caractère international sans l'assentiment préalable du gouvernement de la République française* » et tout accord conclu par la France au nom du Maroc à l'insu du Sultan et des autorités marocaines ne pouvait pas être opposable au Maroc.

Le gouvernement marocain a précisé la position du Royaume à ce sujet à l'article 11 de la Convention diplomatique franco-marocaine du 28 mai 1956 : « *Le Maroc assume les obligations résultant des traités internationaux passés par la France au nom du Maroc, ainsi que celles qui résultent des actes internationaux relatifs au Maroc qui n'ont pas donné lieu à des observations de sa*

---

[58] Maurice Flory, *La notion de protectorat et son évolution en Afrique du Nord*, Paris, LGDJ, 1955, p. 15.

part »[59]. C'est sur la base de cet article que le Maroc avait rejeté l'accord franco-américain du 22 décembre 1950 sur les bases militaires.

Le Roi Mohammed V avait d'ailleurs protesté officiellement dès 1950 contre la non-participation des autorités marocaines aux conventions autorisant l'installation des bases militaires au Maroc. Il avait également renouvelé ces protestations lors de son retour en France le 14 novembre 1955, en déclarant : « *L'accord avec les Américains à ce sujet fut conclu sans que l'on consulte les Marocains. Dès qu'un gouvernement librement choisi aura été installé, il prendra connaissance des termes de l'accord et arrêtera ses propres décisions à cet égard* »[60].

On peut d'ailleurs observer que sur le plan du Droit international, la Convention de Vienne sur la succession d'États en matière de traités du 22 août 1978, tout en adoptant le principe de « *la table rase* »[61], a reconnu dans son article 16 qu'« *un État nouvellement indépendant n'est pas tenu de maintenir un traité en vigueur, ni d'y devenir partie du seul fait qu'à la date de la succession d'États, le traité était en vigueur à l'égard du territoire auquel se rapporte la succession d'États* »[62].

Dans son commentaire de cette convention, le Professeur Kamil Yasseen soutient de son côté au sujet de cet article qu'« *il est donc injuste qu'un État nouvellement indépendant reste lié par des traités qu'il n'a pas effectivement conclus et qu'un autre État, au nom d'un régime condamnable, a rendu applicables à son territoire, que ces traités soient bilatéraux ou multilatéraux* ».

Ainsi, malgré les atteintes portées par l'État protecteur à sa souveraineté nationale, le Maroc a conservé, après le protectorat,

---

[59] *Cf.* pour le texte de cette convention, *RGDIP*, 1956, pp. 481 et ss.
Cf. A. de Laubadère, *Le statut international du Maroc depuis 1955, Annuaire français de Droit international* (*AFDI*), 1956, Volume 2, n°1, pp. 135 et ss.

[60] *Cf.* Maurice Flory, *Les bases américaines au Maroc, AFDI,* 1955, p. 27 et ss. De même William Zartman, *The Morrocan-American negociations, The Middle East Journal,* Vol. 18, n°1, 1964, pp. 27-40. Sur ces problèmes, *Cf.* H. Ouazzani Chahdi, *La pratique marocaine du droit des traités, op. cit.,* pp. 310 et ss.

[61] *Cf.* Kamil Yasseen, La Convention de Vienne sur la succession d'États en matière de traités, *AFDI* 1978, volume 24, n°1, p. 105.

[62] *Cf.* cette convention : *Recueil des Traités des Nations Unies,* volume 1946, p. 3. La présente Convention est entrée en vigueur le 6 novembre 1996. Le Maroc a adhéré à cet instrument le 31 mars 1983.

son organisation politique, son territoire, sa nationalité et donc sa personnalité juridique. Une bonne partie de la doctrine est unanime pour affirmer que le protectorat international ne met pas fin à la personnalité internationale de l'État protégé. La jurisprudence va dans ce sens.

§2.- LA POSITION DE LA DOCTRINE ET DE LA JURISPRUDENCE INTERNATIONALE

A.- SUR LE PLAN DOCTRINAL

On peut se référer ici aux opinions de certains auteurs qui ont consacré des études au droit conventionnel marocain. Dans son ouvrage sur *Le statut international du Maroc d'après les traités*[63], Lucien Félix pouvait constater en 1928 que « *la France n'était pas libre au Maroc, non seulement elle n'était qu'un État protecteur, mais des traités entravaient son activité... Quoi qu'il en soit, les traités internationaux subsistent avec les principes qu'ils ont posées toutes les fois qu'une question litigieuse est ou sera soulevée au Maroc, La France est dans l'impossibilité de la négliger. Ce sont les colonnes fondamentales sur lesquelles repose l'édifice marocain ; si on les sape, tout risque de crouler* ».

Pierre-Louis Rivière va presque dans le même sens : « *Au cours de la discussion qui eut lieu, cette année même, au Palais Bourbon,* observa-t-il, *pour aboutir au vote de la loi exemptant des droits de douane un certain nombre de produits marocains, le Président du conseil devait rappeler à un de nos parlementaires, et non des moindres, que la France n'était pas entièrement chez elle au Maroc ; que notamment, elle n'avait pas le droit d'y légiférer à sa guise, étant tenu de respecter les accords qui constituent le statut international de ce pays* »[64]. Pour cet auteur, l'édifice conventionnel qui a précédé au Maroc l'établissement du protectorat français demeure debout dans son ensemble. Mais c'est surtout l'œuvre du Professeur André de Laubadère qui y apporte le plus de développements. André De Laubadère part de l'idée que le Maroc, « *avant sa transformation d'Empire indépendant en État*

---

[63] *Cf.* L. Félix, *op.cit,* p.11.

[64] L. Rivière, *Le droit conventionnel, source de la législation interne du Maroc,* in Recueil de la législation et de jurisprudence marocaine 1923-24, 3ème partie, p. 13.

protégé, avait contracté à l'égard des puissances étrangères à la suite de nombreux accords bilatéraux et plurilatéraux, des obligations dont certaines pèsent encore sur lui »[65].

B.- AU NIVEAU DE LA JURISPRUDENCE

On peut se référer à l'affaire des ressortissants américains au Maroc jugée par la Cour internationale de Justice (CIJ) en 1952.

Cette affaire avait, en effet, opposé les États-Unis à la France au sujet de certaines mesures prises par les autorités du protectorat pour réglementer les importations sans devises au Maroc et instaurer un contrôle des changes par un arrêté du Résident général de la France au Maroc du 30 décembre 1948.

Les États-Unis avaient élevé de vives protestations, en prétextant que de telles décisions violaient incontestablement les obligations internationales du Maroc et allaient, par conséquent, à l'encontre des droits dont ils disposaient en vertu des traités antérieurs. Il s'agissait, en l'occurrence, du traité de 1787 et de l'accord de Meknès de 1836 et aussi de l'acte d'Algésiras de 1907.

La CIJ, après avoir admis le bien-fondé des droits conventionnels américains tels qu'ils résultaient des traités conclus avec les Sultans du Maroc, a confirmé la survivance de la personnalité internationale de l'État marocain pendant le protectorat, portant ainsi un coup dur aux autorités françaises, qui ne voulaient pas admettre la continuité des engagements du Maroc après 1912.

S'appuyant sur le traité de Fès du 30 mars 1912, la Cour internationale de Justice avait déclaré dans son arrêt du 27 août 1952 qu'« *en vertu de ce traité, le Maroc demeurait un État souverain, mais concluait un accord de caractère contractuel par lequel la France s'engageait à exercer certains pouvoirs souverains au nom et pour le compte du Maroc et à se charger, en principe, de toutes les relations internationales du Maroc. Dans l'exercice de cette fonction, la France est liée non seulement par les dispositions du Traité de Fès, mais également, par les obligations conventionnelles auxquelles le Maroc avait été soumis*

---

[65] *Cf.* pour plus de détails A. de Laubadère, *Les obligations internationales du Maroc moderne,* in *Études en l'honneur de Georges Scelle,* Tome1, Paris, La technique, 1950, p, 315. H. Ouazzani Chahdi, *La pratique marocaine du droit des traités, op. cit.,* pp. 138 et s.

avant le protectorat et qui, depuis lors, n'ont pas été suspendues par accord entre les États intéressés »[66].

Par cet arrêt, la CIJ confirme la survivance des engagements du Maroc pendant la période du protectorat. C'est dans ce cadre que le traité conclu par le Maroc avec les États-Unis en 1786 a continué de régir les relations entre les deux pays jusqu'à nos jours.

Ce traité comporte une clause de tacite reconduction qui stipule que : « *Le présent traité sera en vigueur, Dieu aidant, pendant cinquante ans ; à l'expiration de ce délai, il continuera d'obliger les deux puissances jusqu'à ce que l'une d'elles ait notifié son intention de s'en départir par un préavis de douze mois »*[67].

S'agissant des autres traités, un bon nombre d'entre eux sont tombés en désuétude. Pour ceux qui sont restés en vigueur au lendemain de l'indépendance, le gouvernement marocain a ainsi entrepris des négociations avec les États intéressés en vue de l'abrogation de quelques-uns ou de certaines de leurs dispositions qui pouvaient être contraires à l'État indépendant ou qui mettaient en cause la souveraineté du pays.

Quant aux traités étendus au territoire marocain sans l'accord du Sultan ou conclus à son insu par la France avec d'autres pays, le gouvernement marocain les a tous rejetés au lendemain de son accession à l'indépendance lors de la conclusion de la convention diplomatique franco-marocaine précitée du 28 mai 1956[68].

Pour ce qui est de la conclusion des traités, c'est toujours le Roi qui, au lendemain de l'indépendance, dispose de la compétence pour ratifier les accords internationaux, comme par le passé. Le Maroc a cherché à allier ici, comme dans d'autres domaines, tradition et modernité. L'acte par lequel le Sultan ratifiait les traités pendant la période du protectorat, le Dahir, est resté en vigueur jusqu'à 1970, date à laquelle, il fut remplacé par les lettres de ratification, conformément aux usages internationaux.

Aujourd'hui, le Maroc dispose d'un ministère des Affaires étrangères et de la Coopération avec toute une Direction consacrée

---

[66] *Cf.* CIJ, *Recueil des arrêts, avis consultatifs et ordonnances,* 1952, p. 188.

[67] *Cf.* pour plus de détails, Hassan Ouazzani Chahdi, *Les relations maroco-américaines au XIX*[ème] *siècle, op. cit.,* pp. 117-130.

[68] *Cf. Supra,* p. 28.

aux Affaires juridiques et des traités. Le ministère comporte aussi des Directions relatives au Protocole et au cérémonial, aux Affaires consulaires et sociales (...)[69]. C'est toute une administration moderne qui n'a rien à voir avec le Vizirat d'El Bahr qui existait à la veille du protectorat.

Toujours sur le plan des structures, on doit évoquer aussi le rôle du Parlement dans le contrôle de la politique extérieure. La Chambre des Représentants dispose à ce sujet d'une Commission des Affaires étrangères, qui est censée travailler avec le ministère des Affaires étrangères.

Le Maroc est représenté aujourd'hui dans la plupart des pays par des ambassades permanentes. Il est lié à l'ensemble de ces pays par des conventions internationales et des accords dans plusieurs domaines de coopération.

Il faut ajouter aussi que le Maroc cherche, depuis quelques années grâce aux visites royales effectuées par Sa Majesté le Roi Mohammed VI à la tête d'importantes délégations dans certains pays africains, à renforcer ses relations avec les pays du continent et à donner à la coopération Sud-Sud un élan remarquable.

Le Maroc est, par ailleurs, membre actif à l'ONU et dans plusieurs organisations internationales, mais il existe encore d'autres au dans lesquelles le Maroc n'assure pas de représentation effective.

Il reste un problème qui avait préoccupé et qui préoccupe toujours les constitutionnalistes et les internationalistes. Il s'agit des rapports entre les traités internationaux et le Droit interne, auxquels les Constitutions antérieures à 2011 n'avaient pas accordé une place dans les textes constitutionnels que le Maroc a connus depuis 1962.

---

[69] Pour les structures actuelles du ministère des Affaires étrangères et de la Coopération, Cf. le décret du 6 septembre 2011 relatif aux attributions et à l'organisation de ce département, BO du 19 septembre 2011, p .4637 (édition arabe).

CHAPITRE III
LA PLACE
DES TRAITÉS INTERNATIONAUX
DANS LA CONSTITUTION

La place des traités internationaux dans la Constitution pose le problème des rapports entre le traité et la Loi interne dans les constitutions nationales. Cependant avant de présenter la position de la nouvelle Constitution de 2011 à ce sujet, il semble opportun de savoir comment certains textes constitutionnels étrangers ont résolu cette question.

SECTION I.- LES RAPPORTS ENTRE LE TRAITÉ ET LA LOI DANS LES CONSTITUTIONS NATIONALES

Il s'agit là, comme pouvait l'affirmer le professeur Kaufman d'un « *problème spécial du plus vaste problème des rapports entre droit international et droit interne* »[70]. Il faut dire que les relations entres ces deux ordres juridiques avaient donné lieu, depuis de longue date à des controverses doctrinales qui avaient opposé les auteurs dits « dualistes » aux défenseurs du « monisme » juridique[71].

---

[70] E. Kaufman, *Traité international et loi interne*, in Mélanges en l'honneur de G. Gidel, Paris, Sirey, 1961, p. 383.

[71] Aujourd'hui, ces controverses ont tendance d'être dépassées : « Dualisme » et « monisme », comme le fait observer le Doyen Sadok Belaïd, ne sont que des constructions intellectuelles qui ne rendent pas compte d'une manière entièrement fidèle de la pratique et de la réalité des faits. Il est difficile, ajoute-t-il, en effet, de

§1.- LES THÈSES EN PRÉSENCE

A.- LA DOCTRINE DUALISTE

La doctrine dualiste, dont le fondateur est Heinrich Triepel, part de l'idée selon laquelle le Droit international et le Droit interne constituent deux systèmes juridiques égaux, indépendants et séparés, ayant chacun sa propre validité, mais qui ne relèveraient pas d'un ordre supérieur qui leur soit commun : ils se trouveraient juxtaposés sans pourtant se recouper[72].

Triepel dira d'ailleurs que « *les recherches théoriques que nous avons faites ont eu pour résultat de nous obliger à concevoir le droit international et le droit interne comme deux ordres juridiques différents* »[73].

B.- LA THÈSE MONISTE

Les auteurs monistes, tel le Professeur Hans Kelsen, estiment au contraire que les normes du Droit international et celles du Droit interne constituent une unité logique de système.

L'idée centrale de l'école moniste repose sur le fait qu'un système cohérent et conséquent avec lui-même ne se conçoit que si le Droit international et le Droit interne sont des éléments d'un même ordre juridique[74].

Concrètement, les États qui optent pour une attitude moniste, sont disposés à appliquer les traités internationaux immédiatement sans passer par une procédure spéciale d'introduction des traités en Droit interne.

---

trouver un État qui se soit déclaré l'adepte résolu de l'une ou de l'autre doctrine. Ici, comme dans bien d'autres matières, les États suivent la seule logique de leurs intérêts propres plutôt que la logique des constructions doctrinales. *Cf. Droit international et droit constitutionnel : les développements récents*, in *Droit international et droits internes, développements récents*, Paris, A. Pedone, 1998, p. 47. *Cf.* pour plus de détail sur la même question P. Daillier, *Monisme et dualisme, un débat dépassé* ? in *Droit international et droits internes*, *op. cit.* pp. 9 et s.

[72] *Cf.* P. Lardy, *La force obligatoire du droit international en droit interne,* Paris, LGDJ., 1966, p. 9.

[73] H. Triepel, *Les rapports entre le droit interne et le droit international*, RCADI, 1923, Volume I, p. 77.

[74] *Cf.* P. Guggenheim, *Traité de droit international public*, Tome I, Genève, Librairie de l'Université, Georg et Cie, S.A., 1967, p. 54.

En revanche, dans les États dualistes, les traités ne font partie de l'ordre juridique interne que par l'adoption d'un acte spécial, une loi d'incorporation (comme au Royaume-Uni et en Finlande, par exemple)[75].

Il faut ajouter aussi que chacune de ces deux alternatives[76] offre une série d'options secondaires portant notamment sur le type

---

[75] En Finlande, l'article 95 de la Constitution du 1er mars 2000 (version mise à jour le 27 mars 2015) précise que « *les dispositions d'ordre législatif d'un traité ou de toute autre obligation internationale sont mises en application par une loi. En ce qui concerne les autres dispositions, les obligations internationales sont mises en application par un décret. Un projet de texte de loi relatif à la mise en application d'une obligation internationale est examiné conformément à la procédure d'adoption d'une loi ordinaire* ». *Cf.* mjp.univ-perp.fr/constit/fin.htm. Au Royaume-Uni, on peut citer, à titre d'illustration, l'exemple de l'incorporation de la Convention européenne de sauvegarde des Droits de l'Homme (CESDH). En effet, bien que le Royaume-Uni eût ratifié cette Convention le 8 mars 1951, celle-ci n'était pas encore effectivement intégrée dans l'ordre juridique britannique, faute de l'adoption d'une loi d'incorporation. Pour pallier cette lacune, le gouvernement britannique a présenté au Parlement un projet de loi d'incorporation de la CESDH le 23 octobre 1997 intitulé *The Human Rights Bill* et ce n'est que depuis l'adoption par le Parlement du *Human Rights Act* en date du 9 novembre 1998 que la CESDH est devenue partie intégrante de l'ordre juridique britannique. Cette loi a d'ailleurs, consacré le droit de recours individuel devant les juridictions britanniques sur le fondement de violations de la CESDH, lui donnant ainsi une portée effective en Droit interne. *Cf.* pour plus de détails sur cette question, K. Zain, *Le Human Rights Act : Une mise en œuvre effective de la CESDH ? La mise en œuvre et l'invocabilité de la CESDH en droits anglais et français,* http://blogs.u-paris 10.fr/content/le-human-rights-act.- V. de même Placide M. Mabaka, *L'incorporation de la Convention européenne des Droits de l'Homme dans l'ordre juridique britannique, Revue trimestrielle des droits de l'homme,* 2000, pp. 11 et s.

[76] Cf. pour plus de détails sur ces questions, C. Sciotti-Lam, *L'application des traités internationaux relatifs aux droits de l'homme en droit interne*, Bruxelles, Bruylant, 2004, pp. 113 et ss. *Cf.* aussi les ouvrages classiques de Droit international : G. A. Walz, *Les rapports du droit international et du droit interne*, RCADI, 1937, Tome III, Volume 68, pp. 99 et s., - K. Marek, *Les rapports entre le droit international et le droit interne à la lumière de la jurisprudence de la Cour permanente de Justice internationale (CPJI),* Extraits de la RGDIP, avril-juin, 1962, n°2, Paris, A. Pedone, 1962., - E. Van Bogaert, *Les antinomies entre le droit international et le droit interne*, Extraits de la RGDIP, avril-juin, 1968, n°2, Paris, A. Pedone, 1968,-J. Dhommeaux, *Monisme et dualisme en droit international des droits de l'homme*, AFDI, Volume 41, 1995, pp. 447 à 468. A. Dieng, *Les conventions internationales et l'ordre juridique interne*, Publications du Centre de Documentation, d'Information et de Formation en Droits de l'Homme, Rabat, 2002, pp. 11 et s.

d'actes permettant l'introduction du traité en Droit interne pour les États dualistes et sur le rang hiérarchique accordé aux traités immédiatement applicables pour les États monistes.

§2.- LA PRATIQUE CONSTITUTIONNELLE DES ÉTATS

Sur le plan pratique, on peut constater avec Pierre Lardy que « *depuis la fin de la deuxième guerre mondiale... les États ont de plus en plus tendance à introduire dans leurs Constitutions des dispositions concernant l'application du droit international par les autorités nationales et définissant leur force obligatoire par rapport aux normes étatiques* ».

C'est ainsi que certaines Constitutions prennent position de façon officielle en faveur de la primauté du traité sur la Loi. C'est la tendance la plus répandue.

A.- LES CONSTITUTIONS PROCLAMANT OFFICIELLEMENT LA PRIMAUTÉ DU TRAITÉ SUR LA LOI INTERNE

La Constitution française du 4 octobre 1958, par exemple, dispose dans son article 55 : « *Les traités ou accords régulièrement ratifiés ou approuvés ont, dès leur publication une autorité supérieure à celle de la loi, sous réserve, pour chaque accord ou traité, dans son application par l'autre partie* ». La condition de réciprocité particulière au texte constitutionnel français se trouve également dans la plupart des Constitutions africaines des pays d'expression française : la Constitution de la République du Sénégal du 22 janvier 2001 précise à ce sujet, dans son article 98 que « *les traités ou accords régulièrement ratifiés où approuvés ont, dès leur publication, une autorité supérieure à celle des lois, sous réserve, pour chaque accord ou traité, de son application par l'autre partie* »[77]. La Constitution de la République de Guinée du 7 mars 2010 comporte la même disposition (article 151). En plus, les Constitutions de la Mauritanie[78], de Djibouti[79], du Bénin[80], du

---

[77] Cf. Site officiel « www.au-senegal.com

[78] Du 20 juillet 1991 telle qu'elle a été modifiée et complétée en 2006 et 2012 (article 80).

[79] Du 4 septembre 1992 (article 37).

[80] Du 11 décembre 1990 (article 47).

Togo[81], du Mali[82] et de Côte-d'Ivoire[83] comportent des dispositions semblables. La formulation peut changer d'une Constitution à une autre mais le principe reste le même.

On peut à ce sujet citer quelques Constitutions comme celle du Costa Rica, qui dispose dans son article 7 que « *les traités publics, les conventions internationales et les concordats dûment approuvés par l'Assemblée législative auront, à compter de leur promulgation où à compter du jour qu'ils précisent, une autorité supérieure aux lois* »[84].

La Constitution de la Fédération de la Russie en date du 12 décembre 1993 dispose de son côté que « *les principes et normes du droit international universellement reconnus et les traités internationaux signés par la Fédération de Russie font partie intégrante de son système juridique. Si un traité international signé par la Fédération russe instaure des règles différentes de celles établies par la loi, les règles du traité international prévalent* » (article 15).

C'est presque la même expression que renferme l'article 10 de la Constitution de la Tchéquie du 16 décembre 1992.

La Constitution des États-Unis d'Amérique de 1787 précise dans ce sens dans son article VI que « *la présente Constitution, ainsi que les lois des États-Unis qui en découleront et tous les traités déjà conclus ou qui le seront sous l'autorité des États-Unis, seront la loi suprême du pays, et les juges dans chaque État seront liés par les susdits, nonobstant toute disposition contraire de la Constitution ou des lois de l'un quelconque des États* ».

La Loi fondamentale de la République fédérale d'Allemagne (Constitution de l'Allemagne) du 8 mai 1949 dispose dans une autre formulation que « *les règles générales du droit international*

---

[81] Du 14 octobre 1992 (article 140).

[82] Du 27 février 1992 (article 116).

[83] Du 23 juillet 2000 (article 87).

[84] La Constitution de la République de Costa Rica a fait l'objet de plusieurs révisions depuis son adoption le 7 novembre 1949. L'une des dernières réformes constitutionnelles qui date de la loi n°8365 du 15 juillet 2003 ne semble pas avoir touché les dispositions de l'article 7 précité (V. Référence électronique : *Constitution de la République de Costa Rica. Pouvoirs dans la Caraïb*) [En ligne], 1612010, mise en ligne le 22 septembre 2011, consulté le 03 mai 2015. URL : ple.revues.org/844 ;DOI :10.400/ple.844.

public font partie du droit fédéral. Elles sont supérieures aux lois et créent directement des droits et des obligations pour les habitants du territoire fédéral ». La Constitution algérienne de 1996 (révisée en 2008) précise aussi dans son article 132 que « *les traités ratifiés par le président de la République dans les conditions prévues par la Constitution sont supérieurs à la Loi* ».

Il est évident que l'ensemble de ces Constitutions accordent aux traités internationaux une valeur infra-constitutionnelle et supra-législative. La Constitution tunisienne de 2014 le confirme de manière expresse : « *Les traités approuvés par l'Assemblée des représentants du peuple et ratifiés ont une autorité supra-législative et infra-constitutionnelle* »[85].

Toujours dans cette tendance des Constitutions qui font prévaloir le traité sur la Loi interne, on peut distinguer un groupe de Constitutions qui accordent au traité une fois ratifié, une valeur législative.

B.- LES CONSTITUTIONS ACCORDANT AUX TRAITÉS UNE VALEUR LÉGISLATIVE

Fait partie de cette catégorie : la Constitution espagnole du 31 octobre 1978 qui précise dans son article 96 que « *les traités internationaux régulièrement conclus et une fois publiés officiellement en Espagne feront partie de l'ordre juridique interne* ». On trouve des dispositions semblables notamment dans la Constitution de la Roumanie[86], du Portugal[87], du Koweït[88], du Bahreïn[89] et de l'Égypte[90].

---

[85] *Cf.* pour la nouvelle Constitution tunisienne, B. Ajroud, *Les traités dans la Constitution du 27 janvier 2014*, in *Mouvances du droit. Études en l'honneur du professeur Rafaa Ben Achour*, Tome I, Tunis, Konrad Adenauer Stiftung, 2015, pp. 105 et s.

[86] Constitution du 8 décembre 1991 (article 11).

[87] Constitution du 2 avril 1976 (article 8).

[88] Constitution du 11 novembre 1962 (article 70).

[89] Constitution du 14 février 2002 (article 37).

[90] Constitution de 2014 (article 151 : « *Le Président de la République représente l'État sur la scène internationale, conclut les traités et les ratifie après leur approbation par la chambre des représentants. Ils ont force de loi après leur publication, conformément aux dispositions de la Constitution* »).

C.- DANS D'AUTRES CONSTITUTIONS

Dans d'autres Constitutions, l'autorité accordée aux traités internationaux est exprimée d'une manière générale par rapport à l'ensemble de l'ordre juridique interne.

La Constitution de la Bolivie par exemple du 7 février 2009 reconnaît aux traités relatifs aux droits humains, une certaine prééminence lorsqu'ils confèrent des droits plus favorables que ceux contenus dans cette Constitution (article 256).

La Constitution du Guatemala du 31 mai 1985 affirme aussi dans son article 46 la primauté des traités internationaux relatifs aux droits de l'Homme sur le Droit interne.

On peut aussi mentionner ici la Constitution des Pays-Bas de 2008, qui dispose dans son article 93 que « *les dispositions des traités et les décisions des organisations du droit international public qui peuvent engager chacun par leur teneur ont force obligatoire après leur publication* ».

L'article 94 de la même Constitution précise de son côté que « *les dispositions légales en vigueur dans le Royaume ne sont pas appliquées si leur application n'est pas compatible avec des dispositions de traités ou de décisions d'organisations de droit international public qui engagent chacun* », et « lorsqu'un traité comporte des dispositions qui dérogent à la Constitution ou contraignent à y déroger, les Chambres ne peuvent donner leur approbation qu'aux deux tiers au moins des voix exprimées» (article 91, alinéa 3).

Comment se présente alors, à la lumière de ces exemples de Constitutions étrangères, la situation des traités internationaux dans la nouvelle Constitution marocaine de 2011 ?

La réponse à cette question nous amène à voir tout d'abord la position des textes constitutionnels antérieurs à 2011, à ce sujet, afin de pouvoir bien saisir les nouveautés apportées par la Constitution actuelle dans ce domaine.

SECTION II.- LES TRAITÉS INTERNATIONAUX DANS LES TEXTES CONSTITUTIONNELS ANTÉRIEURS À 2011

§1.- INSUFFISANCE DES DISPOSITIONS CONSACRÉES AUX CONVENTIONS INTERNATIONALES

Qu'il s'agisse de la Constitution de 1996 ou de celles qui l'ont précédé, les dispositions consacrées aux traités internationaux et au Droit international d'une manière générale sont restées presque les mêmes aussi bien sur le plan formel que matériel.

A.- SUR LE PLAN FORMEL

Sur le plan formel, la Constitution de 1996 tout comme celles de 1992, 1972, 1970 et 1962, contiennent d'abord des références au Droit international dès leur préambule : « *Conscient de la nécessité d'inscrire son action dans le cadre des organismes internationaux dont il est devenu un membre actif et dynamique, le Royaume du Maroc souscrit aux principes, droits et obligations découlant des chartes desdits organismes* ». De même, « *le Royaume du Maroc réaffirme sa détermination d'œuvrer pour le maintien de la paix et de la sécurité dans le monde* ». À partir des Constitutions de 1992 et 1996, le Maroc proclame dans le préambule « *son attachement aux droits de l'Homme tels qu'ils sont universellement reconnus* ».

Quant aux dispositions relatives aux traités internationaux, elles ne représentaient que les 2 alinéas de l'article 31, qui énonçait que « *le Roi signe et ratifie les traités. Toutefois, les traités engageant les finances de l'État ne peuvent être ratifiés sans avoir été préalablement approuvés par la loi* » (Formulation de la Constitution de 1996). « *les traités susceptibles de remettre en cause les dispositions de la Constitution sont approuvés selon les procédures prévues pour la réforme de la Constitution* »[91].

Ainsi, mises à part ces dispositions, les traités n'étaient cités nulle part dans ces textes constitutionnels. Les insuffisances sur le plan formel se doublent d'autres limites au niveau matériel.

---

[91] Pour une étude sur l'article 31, *Cf.* H. Ouazzani Chahdi, *L'article 31 de la Constitution de 1972 et le droit des traités, Revue marocaine de Droit et d'Économie de Développement* n°1, 1982, pp. 87 et s.

B.- AU NIVEAU MATÉRIEL

Au niveau matériel, les Constitutions antérieures à celle de 2011 ne mentionnaient que deux catégories de traités : ceux portant sur les finances de l'État et ceux susceptibles de remettre en cause les dispositions de la Constitution. Seuls les premiers devaient être soumis au Parlement avant leur ratification. Aucune allusion aux traités de paix, de commerce, aux accords relatifs aux organisations internationales ou à l'état des personnes, ou surtout aux traités qui comportent cession, échange ou adjonction de territoire, n'était mentionnée dans ces textes.

De même, aucune référence n'était faite aux accords en forme simplifiée qui, pourtant, existent dans la pratique marocaine du Droit des traités[92].

§2.- LE SILENCE DES CONSTITUTIONS ANTÉRIEURES À 2011 EN CE QUI CONCERNE LES RAPPORTS ENTRE LE TRAITÉ ET LA LOI DANS L'ORDRE JURIDIQUE INTERNE

Aux insuffisances tant formelles que matérielles relatives aux traités internationaux dans les textes constitutionnels antérieurs à la Constitution de 2011, s'ajoute le silence gardé par ces derniers au sujet des rapports du traité et de la Loi dans l'ordre juridique interne. Ainsi, à la différence de certaines Constitutions étrangères, celles du Maroc d'avant 2011 ne comportaient aucune dispo-sition expresse consacrée à la force obligatoire des traités dans l'ordre interne. La seule disposition qui pouvait faire penser à une autorité suprême des traités résultait du dernier alinéa de l'article 31, qui disposait : « *Les traités susceptibles de remettre en cause les dispositions de la Constitution sont approuvés selon les procédures prévues pour la réforme de la Constitution* ».

Mais là encore la règle énoncée manquait bien de précision. Finalement, ce sont les interprétations en faveur de la primauté du traité sur la Loi interne qui prévalaient à l'époque.

---

[92] H. Ouazzani Chahdi, *La pratique marocaine du droit des traités, op. cit.*, pp. 339 et s.

§3.- LES INTERPRÉTATIONS AVANCÉES EN FAVEUR DE LA PRIMAUTÉ DU TRAITÉ SUR LA LOI INTERNE

A.- DU POINT DE VUE DU DROIT INTERNATIONAL

Devant le silence des textes constitutionnels ayant précédé la Constitution de 2011 au sujet de la force obligatoire du traité dans l'ordre juridique interne, nous avions, déjà à l'époque, proposé, à la suite de certains auteurs, que la primauté des traités résulterait d'un principe fondamental du Droit des gens, la règle « *Pacta Sunt Servanda* »[93] que le professeur Hans Kelsen considère comme la norme fondamentale d'où découle tout le Droit, non seulement le Droit international mais aussi le Droit interne.

Le *Dictionnaire de la Terminologie du Droit international* la définit comme une « *locution latine, utilisée en droit international pour énoncer le caractère obligatoire des traités ou le principe d'où découle ce caractère obligatoire* ».

La Convention de Vienne du 23 mai 1969 sur le Droit des traités lui consacre des dispositions expresses.

Ainsi, l'article 26, qui s'intitule « *Pacta Sunt Servanda* », dispose que : « *Tout traité en vigueur lie les parties et doit être exécuté par elles de bonne foi* ». L'article 27 qui le complète et dispose, de son côté qu'une « *partie ne peut invoquer les dispositions de son droit interne comme justifiant la non-exécution d'un traité* ».

Le Préambule de cette même Convention proclame, par ailleurs, que les États parties à la présente Convention reconnaissent « *l'importance de plus en plus grande des traités en tant que source du droit international et en tant que moyen de développer la coopération pacifique entre les nations, quels que soit leurs régimes constitutionnels et sociaux* ». Le Préambule de la Convention de Vienne de 1969 sur le Droit des traités se réfère également aux principes de la Charte des Nations Unies en vue de créer les conditions nécessaires à la justice et au respect des obligations nées des traités.

Or, comme le Maroc avait souscrit solennellement dans le Préambule de la Constitution aux principes, droits et obligations,

---

[93] *Cf.* A. Kiss, *L'application et l'interprétation des traités en France*, Paris, Institut des Hautes Études Internationales (IHEI), 1967-1968, pp. 21 et s.

découlant des chartes des organisations internationales[94] dont il est devenu un membre actif et dynamique et comme, par ailleurs, il avait ratifié la Convention de Vienne sur le Droit des traités[95], on pouvait supposer, dans ce cas, qu'indépendamment du silence observé par le constituant marocain à l'égard de la force obligatoire des traités dans l'ordre juridique interne, la tendance des Constitutions marocaines antérieures à 2011 notamment à partir de celle de 1972, serait de caractère « *moniste* » et que, par conséquent, la primauté des traités serait affirmée de façon implicite.

De plus, la référence aux droits de l'Homme universellement reconnus introduite dans la révision constitutionnelle de 1992 et confirmée par la Constitution de 1996 corroborait encore davantage cette position, d'autant plus que le Maroc a ratifié et adhéré à la plupart des Conventions internationales relatives aux droits de l'Homme.

Outre les Conventions internationales que le Maroc avait reconnues comme applicables à son territoire au lendemain de son indépendance dans une déclaration adressée au secrétaire général des Nations Unies le 3 novembre 1956[96] et qui concernait essentiellement les arrangements internationaux pour la protection et la répression de la traite des blanches signés à Paris le 18 mai 1904, le 4 mai 1910 et amendés à New York le 5 mai 1949, et la Convention sur le statut des réfugiés signée à Genève le 28 juillet 1951, il a adhéré le 24 janvier 1958 à la Convention sur la prévention et la répression du crime de génocide adoptée par l'Assemblée générale des Nations Unies le 9 décembre 1948. Il a de même adhéré le 17 avril 1973 à la Convention pour la répression de la traite des êtres humains et de l'exploitation de la prostitution d'autrui, adoptée à New York le 21 mars 1950.

Le Maroc a, par ailleurs, ratifié, le 18 décembre 1970, la Convention sur l'élimination de toutes les formes de discrimination raciale, signée à New York le 7 mars 1966.

---

[94] Cette formule se retrouve dans tous les textes constitutionnels antérieurs à 2011.

[95] La ratification du Maroc a eu lieu, en effet, le 26 septembre 1972 et la Convention a fait l'objet d'une publication au Bulletin officiel n°3239 du 27 novembre 1974, p. 1626.

[96] H. Ouazzani Chahdi, *La pratique marocaine du droit des traités, op. cit.*, p. 320.

En matière de conventions internationales de travail, le Maroc en a ratifié la plupart.

En 1976, le Maroc a adhéré à la Convention sur les droits politiques de la femme, signée à New York le 31 mars 1953 et en 1979, il a ratifié les Pactes internationaux relatifs aux droits civils et politiques et aux droits économiques, sociaux et culturels, adoptés par l'Assemblée générale des Nations Unies le 16 décembre 1966. Le 21 juin 1993, quatre Conventions ont fait l'objet d'une ratification groupée. Ce qui traduit incontestablement la volonté des autorités marocaines de donner une suite concrète et rapide à la nouvelle disposition qui figurait pour la première fois dans le Préambule de la Constitution de 1992 et par laquelle le Maroc « *réaffirme son attachement aux droits de l'Homme tels qu'ils sont universellement reconnus* ». Il s'agit de la Convention sur l'élimination de toutes les formes de discrimination à l'égard des femmes du 18 décembre 1979, de la Convention contre la torture et autres peines ou traitements cruels, inhumains ou dégradants du 10 décembre 1984, de la Convention relative aux droits de l'enfant du 20 décembre 1989 et de la Convention sur la protection des droits de tous les travailleurs migrants et des membres de leur famille du 13 décembre 1990.

À ces Conventions, on peut ajouter la Convention relative aux droits des personnes handicapées et le Protocole facultatif s'y rapportant du 13 décembre 2006 et à laquelle le Maroc a adhéré le 8 avril 2009, la Convention pour la protection de toutes les personnes contre les disparitions forcées du 20 décembre 2006, que le Maroc a ratifiée le 14 mai 2013. Le Maroc a adhéré aussi en novembre 2014 au protocole facultatif se rapportant à la Convention contre la torture[97]. Le Maroc, en plus de sa ratification

---

[97] Cf. sur l'ensemble de ces questions, H. Ouazzani Chahdi, *Droits de l'Homme et administrations publiques. Le cas du Maroc* (Collectif), IISA, Bruxelles, 1997, pp. 169 et s., V. aussi *Conventions internationales et droit interne marocain. Domaine des droits de l'Homme, Revue marocaine de Droit d'Économie du Développement* n°48, 2003, pp. 9 et 5 (en arabe)., V. également A. Moulay Rachid, *Regards croisés au Maroc sur le rang hiérarchique des normes internationales relatives aux droits de l'homme* in *Droit et mutations sociales et politiques au Maroc et au Maghreb, Mélanges offerts en l'honneur du Professeur Hassan Ouazzani Chahdi,* Paris, Publisud, 2012, pp. 628 et s. Pour plus de détails en ce qui concerne les pratiques sur l'état des signatures, ratifications et adhésions du Maroc aux Conventions relatives aux droits de l'Homme, cf. *Guide sur*

et de son adhésion à ces textes, il s'est engagé également, conformément au système de contrôle institué par ces instruments, à déposer périodiquement des rapports sur les mesures qu'il a adoptées et les progrès accomplis en vue d'assurer le respect effectif des droits reconnus dans ces Conventions[98].

B.- SUR LE PLAN LÉGISLATIF

On peut constater que le législateur marocain avait pris position en faveur de la primauté des traités sur les lois internes dès les premières années de l'indépendance.

En effet, l'un des textes législatifs qui affirme avec solennité la primauté des traités sur les lois internes durant cette période se rapporte au dahir du 6 septembre 1958 portant Code de la nationalité marocaine tel qu'il a été modifié et complété[99].

L'article 1er, qui est resté le même, dispose à ce sujet que « *les dispositions relatives à la nationalité marocaine sont fixées par la loi et éventuellement par les traités ou accords internationaux ratifiés et publiés. Les dispositions des traités ou accords internationaux ratifiés et publiés prévalent sur celles de la loi interne* ».

En cas de litiges relatifs à des dispositions des conventions internationales en matière de nationalité, l'interprétation du ministère des Affaires étrangères s'impose aux tribunaux. C'est l'article 36 alinéa 3 de ce texte qui pose cette règle : « *Lorsqu'à l'occasion d'un litige, il y a lieu à interprétation de dispositions de conventions internationales relatives à la nationalité, cette*

---

l'élaboration des rapports nationaux et les dialogues avec les organes des traités des droits de l'Homme, Délégation interministérielle des droits de l'Homme, septembre 2016, pp. 16 et s.

[98] On peut signaler à ce sujet que le 6ème rapport du Maroc relatif à l'application du Pacte des droits civils et politiques déposé devant le Comité des Droits de l'Homme (dudit pacte) en juillet 2015 n'a été examiné par ce Comité qu'en octobre 2016. *Cf.* sur cette question ainsi que sur la périodicité des autres rapports déposés par le Maroc devant les autres Comités des Conventions internationales des droits de l'Homme : *Guide sur l'élaboration des rapports nationaux et les dialogues avec les organes des traités des droits de l'Homme, Délégation interministérielle des Droits de l'Homme, op. cit.,* pp. 26-27.

[99] *Cf.* pour les modifications intervenues à ce sujet, la loi n°62-06 promulguée par le Dahir du 23 mars 2007 (BO n°5514 du 5 avril 2007, p. 457).

interprétation doit être demandée par le ministère public à la requête du tribunal saisi, au ministre des Affaires étrangères. L'interprétation donnée par le ministère s'impose aux tribunaux. Elle est publiée au Bulletin officiel ».

Le deuxième texte en vertu duquel les traités internationaux bénéficient d'une autorité supérieure à celle des lois internes et qui date également de cette période est le Dahir du 8 novembre 1958 sur l'extradition des étrangers, dont l'article 1er dispose que « *sauf dispositions contraires résultant des traités, les conditions, la procédure et les effets de l'extradition sont déterminés par les articles suivants* »[100].

On peut mentionner également la loi n°2-00 sur les droits d'auteur et droits voisins promulgués par le dahir du 15 février 2000[101], qui dispose dans son article 68 que « *les dispositions d'un traité international concernant le droit d'auteur et les droits voisins auquel le Royaume du Maroc est partie sont applicables aux cas prévus dans la présente loi. En cas de conflit entre les dispositions de la présente loi et celles d'un traité international auquel le Royaume du Maroc est partie, les dispositions du traité international seront applicables* ».

Le Dahir du 10 avril 2001 portant réorganisation du Conseil consultatif des Droits de l'Homme, après avoir réaffirmé dans l'exposé de ses motifs l'attachement du Maroc à ses engagements internationaux en matière de droits de l'Homme, dispose en son article 2 que parmi ses prérogatives, figure « *l'étude de l'harmonisation des textes législatifs et réglementaires nationaux avec les conventions internationales relatives aux droits de l'Homme que le Royaume du Maroc a ratifiées ou auxquelles il a adhéré et qui sont dûment publiées* »[102].

La loi n°22-01 portant Code de procédure pénale promulguée par le dahir du 3 octobre 2002 prévoit aussi en son article 713 que « *dans le cadre de la coopération judiciaire avec les pays étrangers, la primauté sera accordée aux conventions internationales sur les lois internes* »[103].

---

[100] *Cf.* BO du 19 décembre 1958, p. 2057.
[101] *Cf.* BO n°4810 du 6 juillet 2000, p. 604.
[102] *Cf.* BO n°4926 du 16 août 2001, p. 762.
[103] Cf. BO n°5078 du 30 janvier 2003, p. 315 (en langue arabe).

Dans d'autres textes, la primauté du traité sur la Loi interne se déduit de la référence par le législateur aux traités internationaux avec des mentions telles « *sous réserve de dispositions contraires des conventions internationales auxquelles le Maroc a souscrit* », comme dans le cas du décret royal portant sur la loi du 19 décembre 1968 relatif à l'organisation du Barreau et à l'exercice de la profession d'avocat[104] réglementée aujourd'hui par la loi 28-08 promulguée par le Dahir du 20 octobre 2008[105], qui précise de son coté, en son article 5, que le candidat à la profession d'avocat doit être Marocain ou ressortissant d'un pays avec lequel le Maroc est lié par une convention internationale permettant aux nationaux de l'un des deux États d'exercer la profession dans l'autre État tout en tenant compte du principe de réciprocité avec cet État.

Rappelons que le décret royal précité avait donné lieu à une interprétation législative largement favorable à la primauté des traités[106].

La question qui s'était posée se rapportait à l'exercice de la profession d'avocat au Maroc par des ressortissants français dans la mesure où la loi du 26 janvier 1965 sur l'unification des tribunaux et l'arabisation de la Justice avait prévu dans son article 5 que « *seule la langue arabe est admise devant les tribunaux, tant pour les débats et plaidoiries que pour la rédaction des jugements* ».

La France intéressée au premier plan par la réforme de 1965, vu le nombre élevé d'avocats français qui exerçaient cette profession au Maroc, devait conclure avec les autorités marocaines un protocole d'accord le 20 mai 1965 qui, tout en tenant compte de la loi du 26 janvier 1965, devait remplacer les dispositions de l'article 4 de la Convention judiciaire franco-marocaine en date du

---

[104] *Cf.* BO du 8 janvier 1969, p. 34.

[105] *Cf.* BO du 6 novembre 2008, p. 4044 (en langue arabe).

[106] Comme nous avons pu le signaler à l'occasion de l'élaboration de l'ouvrage *La pratique marocaine des droits des traités,* pp. 350 et s.), à partir des archives du secrétariat général du gouvernement et notamment du Service de Législation, érigé aujourd'hui en Direction des Études législatives, nous tenons une fois de plus à remercier les responsables du secrétariat général du gouvernement pour nous avoir permis d'accéder à de dossiers relatifs aux Conventions internationales auxquelles le Maroc fait partie.

5 octobre 1957 et serait, de ce fait, considéré comme faisant partie intégrante de cette Convention.

Le problème se posait ainsi de savoir si les dispositions du décret royal portant loi de 1968 et notamment son article 3 ne contredisait pas le protocole de 1965. C'est dans ces conditions que le Service de Législation du Secrétariat général du gouvernement était amené à donner son avis dans une note en date du 28 mars 1969 à la suite d'une consultation qui lui avait été demandée par le ministère des Affaires étrangères : « *Contrairement aux craintes que vous exprimez au 3ème alinéa du premier point et au 3ème du deuxième point de votre lettre du 15 janvier dernier, j'estime qu'il n'existe aucune contradiction entre le texte du protocole et les dispositions de l'article 3 du décret royal portant loi n°816-65 du 28 Ramadan 1388 (19 décembre 1968) sur l'organisation du barreau et l'exercice de la profession d'avocat qui ont repris les dispositions des alinéas 4 et 5 de l'article 3 du dahir n°1.59-102 du 18 mai 1959 puisque un texte interne ne saurait déroger aux dispositions d'une convention internationale* ». Dans une autre note, en date du 15 mai 1967 relative au projet du décret royal de 1968, le Service de Législation avait estimé que les dispositions du protocole du 20 mai 1965 paraissent clairement indiquer que les avocats français inscrits aux barreaux du Maroc pouvaient postuler devant toutes les juridictions du Royaume du Maroc « *sans qu'aucune restriction tirée de la seule législation interne puisse leur être opposée. Conformément au principe de la primauté des conventions internationales sur le droit interne, la même solution vaut également pour les avocats espagnols au cas où l'accord conclu à ce sujet avec l'Espagne, serait conclu dans les mêmes termes que le protocole maroco-français* ».

Le dahir portant loi du 2 mars 1973 relatif à l'exercice de certaines activités dans le cadre de la marocanisation comportait également une mention semblable à celle du décret royal du 19 décembre susvisé. L'article 1er de la loi du 2 mars 1973 précisait que « *sous réserve de l'effet des conventions internationales dûment publiées, les activités dont la liste sera arrêtée par décret ne pourront être exercées que par des personnes physiques ou morales marocaines à compter d'une date qui sera fixée pour chaque secteur ou groupe de secteurs, par décret pris sur proposition du ou des ministres intéressés* ».

L'application de la marocanisation avait soulevé quelques difficultés venant de la part de certaines ambassades à Rabat qui, pour faire échapper leurs nationaux des dispositions de la nouvelle loi, avaient prétendu que celles-ci étaient incompatibles avec les conventions internationales dont elles sont signataires avec le Maroc. C'est dans ce sens que l'ambassade de Belgique à Rabat avait saisi le ministre des Affaires étrangères sur l'incompatibilité des mesures législatives de 1973 avec les dispositions de la convention relative à l'encouragement des investissements de capitaux et la protection des biens signée à Rabat le 28 avril 1965 entre le Maroc et l'Union économique belgo-luxembourgeoise ; le Service de Législation du secrétariat général du gouvernement, consulté à ce sujet, devait arrêter sa position dans une note en date du 16 novembre 1973, de laquelle il résultait qu'aucune incompatibilité ne saurait exister entre les deux textes. Pour que les activités à marocaniser ne tombent pas sous le coup de la marocanisation, selon les responsables du Service de Législation, il faut et il suffit que la Convention contienne une clause d'assimilation de l'étranger au national[107] en vertu de laquelle le premier dispose d'« *un traitement totalement identique* » au second. Une telle clause ne se rencontre que dans les conventions d'établissement que le Maroc avait conclues dans les années soixante avec certains pays voisins et amis tels que le Sénégal, la Tunisie, l'Algérie et la Mauritanie[108].

---

[107] Pour plus de détails, *Cf.* H. Ouazzani Chahdi, *La pratique marocaine du droit des traités, op.cit.,* pp. 353 et s. Nous saisissons cette occasion pour rendre un vibrant hommage aux responsables du Service de Législation de l'époque pour nous avoir permis d'accéder à ce dossier.

[108] Avec le Sénégal, la convention d'établissement fut signée à Dakar le 27 mars 1964 et ratifiée par décret royal du 11 décembre 1965. La Convention conclue avec la Tunisie le 9 décembre 1964 a été ratifiée par décret royal du 3 juin 1966, celle conclue avec l'Algérie était signée à Alger le 15 mars 1963, mais ne fut ratifiée par le Maroc que le 14 avril 1969 par un Dahir de la même date. À ces Conventions, il convient d'ajouter la convention d'établissement conclue avec la Mauritanie le 20 janvier 1979.

Une convention internationale d'établissement doit être conclue avec certaines précautions parce qu'elle accorde l'égalité du traitement entre les bénéficiaires des parties contractantes et offre aux ressortissants des pays en cause des avantages, des facilités et des garanties, et permet la jouissance et l'exercice des droits civils au même titre que les nationaux, la protection légale et judiciaire, le droit d'exercer des activités lucratives (activités industrielles, commerciales, agricoles,

L'interprétation ainsi donnée par le service de législation aux dispositions de l'article 1er du Dahir du 2 mars 1973, comme nous avons pu le signaler à cette occasion, avait éclairci la pratique sur un problème qui allait vider la marocanisation de son contenu. En circonscrivant le problème aux seules conventions d'établissement, le Service de Législation avait, peut-on dire, limiter les « *dégâts* ». L'autre conclusion qu'on peut tirer de cette prise de position est qu'en matière de marocanisation, les conventions d'établissement bénéficient d'une primauté sur celle des lois internes, en l'occurrence, la loi du 2 mars 1973.

Quelle va être alors, à la lumière de ces interprétations législatives, la position de la jurisprudence antérieure à 2011 à l'égard des rapports du traité et de la Loi dans l'ordre juridique interne ?

C.- LA POSITION DE LA JURISPRUDENCE

Bien que les décisions rendues par les tribunaux durant cette période au sujet des rapports des traités avec les lois internes soient rares, la jurisprudence semble, cependant, largement favorable au principe de la primauté du traité, ainsi que cela résulte d'abord de deux affaires jugées par la Cour d'Appel de Rabat en 1969, relatives l'une et l'autre à l'inscription au Barreau de Casablanca, de ressortissants étrangers de nationalité française. Dans les deux cas, le Conseil de l'Ordre des Avocats de Casablanca avait refusé l'inscription au motif que les postulants ne parlaient pas la langue arabe et, dans les deux cas, également, la Cour d'Appel de Rabat avait infirmé la décision du Conseil de l'Ordre, en faisant prévaloir la Convention judiciaire franco-marocaine et le Protocole annexe de 1965 sur les lois internes organisant la profession d'avocat au Maroc. Il s'agit des affaires Meylan et Cazals[109].

---

financières, artisanales et professions libérales) dans des conditions déterminées par la convention elle-même. *Cf.* L. Rigaud, *La convention européenne d'établissement : origine, analyse et commentaire*, *RGDIP*, janvier-mars 1957 n°1, Paris, A. Pedone, 1957. *Cf.* aussi Ch. A. Kiss, *La convention européenne d'établissement et la clause de la nation la plus favorisée, AFDI* 1957. V. également A. Piot, *Du réalisme dans la convention d'établissement, JDI*, 1961, n°1, pp. 38 à 84.

[109] *Cf.* H. Ouazzani Chahdi, *La pratique marocaine du droit des traités, op. cit.*, pp. 365 et s.

L'affaire Meylan a fait l'objet d'un pourvoi en cassation formé par le Conseil de l'Ordre, et là encore la Cour suprême (qui s'appelle désormais Cour de Cassation depuis la Constitution de 2011) s'est appuyée sur la Convention judiciaire franco-marocaine de 1957, sur son protocole additionnel du 20 mai 1965 et aussi sur l'interprétation faite à ces dispositions dans un échange de notes entre le ministère marocain des Affaires étrangères et l'ambassade de France à Rabat, pour rejeter le pourvoi du Conseil de l'Ordre et dire que le fait de ne pas parler la langue de l'un des deux pays n'empêche pas un avocat français ou un avocat marocain de s'inscrire dans l'un des deux Barreaux. Il suffit, selon la Cour de Cassation que l'avocat français qui ne parle pas l'arabe se fasse substituer par un confrère parlant cette langue pour tous les actes de la procédure non écrite[110].

On doit souligner que la Cour de Cassation a eu l'occasion par la suite de confirmer sa jurisprudence en faveur de la primauté du traité sur la loi interne. C'est dans ce sens qu'elle a estimé dans son arrêt du 19 mai 1999 (Dossier 4356/90) que la Convention des Nations Unies sur le transport des marchandises sur mer signée à Hambourg le 31 mars 1978 et à laquelle la Maroc avait adhéré le 17 juillet 1981 est considérée comme une loi obligatoire sur le plan national à compter du 1er novembre 1992, date de son entrée en vigueur par le Maroc[111].

Dans une autre affaire, la Cour de Cassation s'est appuyée sur les articles 713 (précité) et 718 du Code de Procédure pénale de 2002 (tel que modifié et complété) pour appliquer les dispositions de la Convention de Coopération judiciaire et d'extradition des criminels entre le Maroc et l'Égypte, Convention conclue à Rabat le 22 mars 1989, en considérant que dans la pratique, la primauté sera accordée aux conventions internationales sur les lois internes

---

[110] Cour suprême, Conseil de l'Ordre contre Marc Meylan, 1er octobre 1976, arrêt n°249, *Revue juridique, politique et économique du Maroc* n°5, septembre 1979, pp. 145 et s. (En langue arabe).

[111] *Cf.* H. Ouazzani Chahdi, *Les conventions internationales et le droit interne marocain. Domaine des droits de l'Homme* (en langue arabe), Revue marocaine de Droit et d'Économie de développement n° 48, 2003, p. 16.

dans le domaine de la coopération judiciaire avec les pays étrangers[112].

La même position a été adoptée par la Cour de Cassation à l'occasion de l'examen de la Convention maroco-égyptienne dans le domaine de la coopération judiciaire en matière civile, faite également à Rabat le 22 mars 1989 : « *Attendu, que les conventions internationales, bilatérales et multilatérales ratifiées, ont sur le plan de l'application, une primauté sur la loi nationale du fait qu'elles sont considérées comme une loi particulière, primauté, qui a été affirmée par la Cour suprême dans l'arrêt n°754 du 19 mai 1999, dossier commercial n°4356/1990 confirmant en cela les dispositions de l'article 27 de la Convention de Vienne sur le Droit des traités, qui dispose clairement qu'une* "partie ne peut invoquer les dispositions de son droit interne comme justifiant la non-exécution d'un traité"[113].

En matière des droits de l'Homme, la tendance de la jurisprudence antérieure à 2011 allait, en principe, dans le sens de la primauté du traité sur la Loi interne, comme pouvait le souligner le premier président de la Cour suprême dans son discours d'ouverture de l'année judiciaire de 2001[114].

On peut observer, à ce sujet, que le Tribunal administratif de Rabat, dans un jugement du 7 octobre 1999, avait considéré la liberté d'enseignement comme faisant partie intégrante, non seulement de la panoplie des droits garantis par la Constitution marocaine, mais aussi et surtout une liberté universellement reconnue. Dans cette décision, le juge s'est référé expressément, selon certains commentateurs, au Droit conventionnel pour ordonner à l'administration le respect pur et simple de ladite liberté[115].

---

[112] *Cf.* Cour suprême, arrêt n°1/74 du 30 janvier 2008, *Gazette des Tribunaux du Maroc* (*GTM*) n°130-131, 2011, p. 251.

[113] V.C.A de Casablanca, Arrêt N° 92 du 09/10/2008, G.T.M, N° 114, 2008, p:144 (Langue arabe)

[114] *Cf.* H. Ouazzani Chahdi, *Les conventions internationales de droit interne marocain. Domaine des droits de l'Homme, op. cit.*, p. 21.

[115] Cf. H. Rbii, *Le juge marocain face aux conventions internationales des droits de l'Homme liant le Maroc : méconnaissance ou reconnaissance ? REMALD*, Série « *Thèmes actuels* » n°26, 2001, p. 160.

Cependant, on a pu relever certains « *flottements* » des tribunaux, dans leurs hésitations pour l'application des normes internationales des droits de l'Homme dans des cas spécifiques. Le problème s'est posé devant les juridictions du Royaume du Maroc au sujet de l'article 11 du Pacte des droits civils et politiques, adopté par l'Assemblée générale des Nations Unies le 16 décembre 1966. Signé par le Maroc le 19 janvier 1977 et ratifié le 3 mai 1979, il fut porté ensuite à la connaissance des citoyens marocains par sa publication au Bulletin officiel du Royaume le 21 mai 1980[116].

L'article 11 de cet instrument précise que « *nul ne peut être emprisonné pour la seule raison qu'il n'est pas en mesure d'exécuter une obligation contractuelle* ».

L'interprétation de cet article par les juges marocains n'a pas été facile, en raison de la présence dans le Droit positif marocain du Dahir du 20 février 1961 relatif à l'exercice de la contrainte par corps en matière civile, dont l'article 1er disposait simplement que « *l'exécution de tous jugements ou arrêts portant condamnation au paiement d'une somme d'argent peut être poursuivie par la voie de la contrainte par corps* ». Or, cet article tel qu'il est formulé, n'était pas compatible avec l'article 11 du Pacte international, qui interdit, comme on vient de le voir, la contrainte par corps pour non-exécution d'une obligation contractuelle.

Devant cette situation, les tribunaux marocains basculaient entre la primauté du Pacte et l'application de la Loi nationale, en l'occurrence, le Dahir de 1961. C'est ainsi que dans une ordonnance de référé rendue par le Tribunal de Première Instance de Rabat le 24 novembre 1986, le juge n'a pas hésité à déclarer irrecevable la demande de la partie requérante tendant à annuler la procédure de contrainte par corps conformément aux dispositions de l'article 11 du Pacte. Ce jugement a fait l'objet de vives critiques par la doctrine, dont certains auteurs ont même vu ici une violation délibérée des droits de l'Homme et plus précisément du droit garanti par l'article 11 du Pacte[117].

---

[116] BO n°3525 du 21 mai 1980, p. 334. *Cf.* H. Ouazzani Chahdi, *La pratique marocaine du droit des traités, op. cit.*, p. 364.

[117] Pour cette ordonnance : *RMD* n°15, 1987, pp. 38 et s. *Cf.* également pour la présentation de cette ordonnance et les critiques dont elle fait l'objet, H. Rbii, *Le*

Ce qu'il faut noter, à ce sujet, c'est que le même tribunal a eu l'occasion, dans le cadre d'un revirement de jurisprudence, de rendre deux jugements, par la suite en 1990, à l'opposé de celui de 1986, en considérant que la contrainte par corps était inadmissible à la suite de la ratification par le Maroc du Pacte des droits civils et politiques : « *Attendu,* dit le tribunal, *que la demande de contrainte par corps n'est plus légitime depuis la ratification par la Maroc de la Convention internationale relative aux droits de l'Homme du 16 décembre 1966 et plus précisément de son article 11, qui dispose qu'il est interdit d'emprisonner une personne pour une dette résultant d'une obligation contractuelle* »[118].

Or, dans un arrêt du 10 juin 1997 n°3585, la Cour suprême[119] a estimé que « *le dahir de 1961 réglementant la contrainte par corps est toujours en vigueur, aucune loi n'est intervenue pour l'abroger, le tribunal est tenu d'appliquer la loi et il n'est pas de sa compétence de la modifier ou de l'abroger* » alors que dans un autre arrêt du 9 avril 1997 n° 2163, la Cour de Cassation[120] a reconnu la primauté du Pacte sur la Loi interne[121], et en 2000 dans un arrêt du 22 mars de la même année, elle a opéré une distinction entre le débiteur solvable et le débiteur insolvable à l'occasion de son interprétation du sens de la violation des dispositions de l'article 11 précité du Pacte international des droits civils et politiques.

L'ex-premier président de la Cour suprême a vu dans cet arrêt une conformité avec les règles de la Charia islamique dans son discours d'ouverture de l'année judiciaire prononcé devant Sa Majesté le Roi[122].

---

juge marocain face aux conventions internationales des droits de l'Homme liant le Maroc, op. cit., p. 159.

[118] *Ibid.*, p. 159.

[119] *Cf.* Jurisprudence de la Cour suprême (*JCS*), n°53-54, 1999, p. 32 (en langue arabe).

[120] C'est la dénomination que prend désormais la Cour suprême, depuis l'adoption de la Constitution de 2011.

[121] *Cf.* JCS, n°52, 1998, p. 170 (en langue arabe).

[122] *Cf.* pour cet arrêt et sur l'ensemble de ces sujets, A. Moulay Rachid, *Regards croisés au Maroc sur le rang hiérarchique des normes internationales relatives aux droits de l'Homme,* in *Droit et mutations sociales et politiques au Maroc et au Maghreb, Mélanges offerts en l'honneur du professeur Hassan Ouazzani Chahdi, op. cit.*, pp. 636 et s.

Finalement, il a fallu attendre l'intervention du législateur pour mettre fin à ce « *flottement* » de la jurisprudence à l'égard de l'interprétation de l'article 11 du PIDCP : la loi n°30-06, promulguée par le Dahir du 22 novembre 2006, a apporté la modification attendue et réclamée tant par la doctrine que par le CCDH et le Comité des Droits de l'Homme des Nations Unies dans ses observations relatives aux rapports présentés par le Maroc pour l'application des dispositions de l'article 11 précité[123].

L'article 1er de la présente loi a été complété par la disposition suivante : « *Toutefois, une personne ne peut être mise en prison pour le simple fait de son incapacité à remplir un engagement contractuel* ». En agissant ainsi, le Maroc a pris en considération les observations finales du Comité des Droits de l'Homme formulées à l'occasion de l'examen de son cinquième rapport les 20 et 21 octobre 1999.

Toute cette réforme aurait pu avoir lieu à la suite de la ratification, sans réserves, par la Maroc du Pacte en 1979. Le ministère de la Justice avait, pourtant, signalé à cette époque, dans une note du 12 avril 1968 n°170, préparée à l'occasion des discussions interministérielles qui précédaient la participation du Maroc au PIDCP que, « *compte tenu de ce que la contrainte par corps ne répond pas, en matière contractuelle, à une impérieuse nécessité, il semble possible d'admettre la restriction édictée à l'article 11 dudit pacte* »[124].

Cependant, si le Dahir du 22 novembre 2006 avait mis à niveau, comme on a pu le souligner, le Droit interne par rapport aux dispositions du PIDCP, en abrogeant en matière contractuelle, la contrainte par corps, le problème du rang du traité international

---

[123] Le Comité des Droits de l'Homme fait partie des organes des traités sur les droits de l'Homme chargés de surveiller la mise en œuvre de ces instruments. C'est dans ce sens que le Pacte des droits civils et politique prévoit dans son article 28 l'institution d'un Comité des Droits de l'Homme, composé de 18 experts, originaires des États parties au présent Pacte (*Cf.* pour plus de détails, *La protection internationale des droits de l'homme :* Organisation universelle, Documents d'études n°3.06, Paris, édition de 1999, pp. 12 et s. *Cf.* également, *Interaction du Royaume du Maroc avec les mécanismes onusiens de promotion et de protection des droits de l'Homme,* Délégation interministérielle aux droits de l'Homme, Rabat, 25 novembre 2014).

[124] *Cf.* H. Ouazzani Chahdi, *La pratique marocaine du droit des traités, op. cit.,* pp. 361 et s.

dans la hiérarchie des normes n'était pas résolu pour autant[125]. Pourtant, Feu Sa Majesté Hassan II avait affirmé à ce sujet que « le droit international tel qu'il est reconnu et pratiqué de nos jours dispose dans ce domaine, que les accords bilatéraux ou multilatéraux, à caractère international, imposent aux signataires des obligations qui priment sur le droit interne. En termes plus clairs, ni le Maroc, ni la Mauritanie ne peuvent élaborer une législation interne qui ignore ou feint ignorer des accords internationaux passés entre les deux pays. Nous constatons ici du point de vue juridique que la souveraineté a des limites dès qu'il s'agit de problèmes bilatéraux ou multilatéraux à caractère international »[126].

Quelle va être alors, en face de ces problèmes, la position de la Constitution de 2011 à l'égard de la force obligataire des traités internationaux dans le droit positif marocain ? C'est ce que nous proposons de voir dans les lignes qui suivront.

SECTION III.- LES APPORTS DE LA CONSTITUTION DE 2011 EN MATIÈRE DE TRAITÉS INTERNATIONAUX

La Constitution adoptée par référendum le 1er juillet 2011, s'inscrit dans le prolongement des réformes lancées depuis 1990 et accentuées à partir de 1999, date de l'accession au trône du Roi Mohammed VI qui a enclenché une dynamique réformatrice globale[127] touchant à la fois le domaine politique et la vie économique et sociale.

Les apports de la nouvelle Constitution trouvent leur source principale dans le discours royal du 9 mars 2011, dans lequel le Souverain avait annoncé « *une réforme constitutionnelle globale,*

---

125 *Cf.* A. Moulay Rachid, *op. cit.*, p. 637.

126 Discours prononcé le 2 août 1979. *Cf. Le matin* du 4 août 1979, p. 3. *Cf.* également H. Ouazzani Chahdi, *L'article 31 de la Constitution de 1972 et le droit des traités, Revue marocaine de Droit et d'Économie du Développement* n°1, 1982, p. 107.

127 *Cf.* pour plus de détails sur la nouvelle Constitution, Ch. Saint-Prot, *Contrainte nationale et évolution constitutionnelle,* in *La Constitution marocaine de 2011, lectures croisées,* REMALD, « *Thèmes actuels* » n°77, 2012, pp. 18 et s. *Cf.* aussi, *La Constitution marocaine de 2011. Analyse et commentaires,* Paris, LGDJ, 2012. Il convient de signaler que la Constitution marocaine du 2011 a été promulguée par Dahir royal du 29 juillet 2011 et publiée au BO du Royaume le 30 juillet 2011 (BO n°5964 bis).

sur la base de sept fondements majeurs » au titre desquels figurent « *la consolidation de l'État de Droit et des institutions, l'élargissement du champs des libertés individuelles et collectives, et la garantie de leur exercice ainsi que le renforcement du système des droits de l'Homme dans toutes leurs dimensions politique, économique, sociale, culturelle, environnementale et de développement* », « *la volonté d'ériger la justice au rang de pouvoir indépendant et de renforcer les prérogatives du Conseil constitutionnel, le but étant de conforter la prééminence de la Constitution et de consolider la suprématie de la Loi et l'égalité de tous devant elle* ».

En matière de Conventions internationales, la Constitution de 2011 a introduit d'importants changements, qui constituent des nouveautés par rapport aux Constitutions antérieures. Parmi ces nouveautés, on peut relever tout d'abord :

- La consécration du principe de la primauté des traités internationaux sur les lois internes.
- L'importance accordée aux traités internationaux dans le texte constitutionnel tout en élargissant le domaine de compétence du Parlement à certains accords soumis à autorisation législative avant leur ratification.
- L'introduction du contrôle de constitutionalité sur les engagements internationaux par la Cour constitutionnelle.

§1.- LA CONSÉCRATION DE LA PRIMAUTÉ DES TRAITÉS INTERNATIONAUX SUR LES LOIS INTERNES

A.- L'AFFIRMATION DU PRINCIPE

En proclamant dans le Préambule que « *le Royaume du Maroc s'engage à accorder aux conventions internationales dûment ratifiées par lui, dans le cadre des dispositions de la Constitution et des lois du Royaume, dans le respect de son identité nationale immuable, et dans la publication de ces conventions, la primauté sur le droit interne du pays, et harmoniser en conséquence les dispositions pertinentes de sa législation nationale* », la Constitution de 2011 innove par rapport aux Constitutions antérieures, et consacre ainsi le principe de la primauté des traités internationaux dans le Droit positif marocain.

Sans doute, aurait-il fallu poser ce principe au niveau de l'article 55 de la Constitution relatif aux traités internationaux comme on devait s'y attendre. Mais, comme le Préambule fait partie intégrante de la Constitution (selon une disposition expresse de celle-ci), la primauté des Conventions internationales conserve ici toute sa valeur. La primauté fait partie ainsi des règles et de principes directeurs de la consolidation de l'État moderne. Le Conseil constitutionnel a eu l'occasion de se référer au Préambule de la Constitution de 2011 en déclarant ainsi dans certaines décisions que « *la consolidation et le renforcement des institutions d'un État moderne sont considérés comme un objectif constitutionnel ainsi que cela résulte du Préambule de la Constitution* » (Décision n°924/2013 C.C). « *Ces principes et critères résultent généralement des dispositions de la Constitution et notamment du Préambule et d'autres articles de celle-ci* » (Décision n°854/2012 C.C).

Cependant, à la différence de certaines Constitutions étrangères comme on a pu le relever plus haut, le texte marocain propose une primauté limitée assortie de certaines conditions.

B.- LA PORTÉE DE LA PRIMAUTÉ

Telle qu'elle est annoncée dans la Constitution, la primauté des traités internationaux sur les lois internes est conditionnée tant sur le plan formel qu'au niveau matériel.

1.- SUR LE PLAN FORMEL

Une simple lecture de la disposition constitutionnelle prévue à cet effet « *conventions internationales dûment ratifiées...* », laisse entendre que la primauté ne serait accordée qu'aux traités régulièrement ratifiés. Qu'en est-il alors des conventions internationales auxquelles le Maroc fait partie par adhésion lorsqu'on sait que cette technique suit, en général, sur le plan de la pratique marocaine du Droit des traités, la même procédure que celle de la ratification pour le dépôt des instruments d'adhésion à une convention internationale. La diplomatie marocaine fait usage ici

« *des lettres d'adhésion* », qui sont scellées par le Souverain au même titre que « *les lettres de ratification* »[128].

Il convient de signaler que l'adhésion, comme la ratification, font partie des modes d'expression de l'engagement de l'État sur le plan international. L'article 11 de la Convention de Vienne de 1969 sur le Droit des traités précise à ce sujet que « *le consentement d'un État à être lié par un traité peut être exprimé par la signature, l'échange d'instruments constituant un traité, la ratification, l'acceptation, l'approbation ou l'adhésion ou par tout autre moyen convenu* »[129].

On peut faire les mêmes observations pour les accords en forme simplifiée qui entrent en vigueur par leur signature. Ils constituent aussi des engagements internationaux au même titre que les traités en forme solennelle, mais qui ne semblent pas trouver de place dans le texte constitutionnel marocain ni dans le Préambule, ni au niveau de l'article 55, consacré aux traités internationaux. L'importance considérable qu'occupe cette forme d'accords dans les relations internationales actuelles avait incité certains pays à leur accorder une place parmi les autres traités dans leurs textes constitutionnels.

C'est dans ce sens que l'article 52 de la Constitution française de 1958 proclame que « *le président de la République négocie et ratifie les traités. Il est informé de toute négociation tendant à la conclusion d'un accord international non soumis à ratification* ». Pour « *la première fois dans notre histoire constitutionnelle,* devait observer le professeur Charles Rousseau à ce sujet, *les accords en forme simplifiée font leur apparition dans le droit positif français; et c'est là un progrès considérable si l'on songe à la place importante qu'occupent les engagements internationaux conclus sous cette forme dans la pratique française actuelle* »[130].

---

[128] *Cf.* exemples en annexes n°2. *Cf.* également pour plus de détails, H. Ouazzani Chahdi, *La pratique marocaine du droit des traités, op. cit.*, pp. 427 et s.

[129] *Cf.* pour le texte de cette Convention, Pierre-Marie Dupuy, *Grands textes de Droit international public,* Paris, Dalloz, 1996, pp. 223 et s.

[130] *Cf.* Ch. Rousseau, *La Constitution de 1958 et les traités internationaux,* in *Hommages d'une génération de juristes au Président Basdevant,* Paris, A. Pedone, 1960, pp. 463 et S. Dans son ouvrage de *Droit international public, Introduction et sources* (*op. cit.*, p. 70), le Professeur Rousseau insiste à nouveau

C'est dans une formule semblable que la Constitution espagnole du 31 octobre 1978 prévoit dans son article 94 que « *le Congrès et le Sénat seront immédiatement informés de la conclusion des autres traités ou conventions* ».

Certaines Constitutions africaines d'expression française comportent également des dispositions semblables à celle de la Constitution française de 1958. La Constitution gabonaise, par exemple, du 26 mars 1991 (telle que modifiée et complétée par des lois postérieures), après avoir annoncé que « *le président de la République négocie les traités et les accords internationaux et les ratifie après le vote d'une loi d'autorisation par le Parlement et la vérification de leur constitutionnalité par la Cour constitutionnelle* » précise que « *le président de la République et les présidents des Chambres du Parlement sont informés de toute négociation tendant à la conclusion d'un accord international non soumis à ratification* ».

Rien de tel n'existe dans le texte constitutionnel marocain. Pourtant, la pratique marocaine du Droit des traités ne manque pas d'exemples dans ce domaine[131].

---

sur le fait que « *ignorés de la tradition constitutionnelle française, les accords en forme simplifiée ont été consacrés pour la première fois dans notre droit public par les articles 52 et suivants de la Constitution du 4 octobre 1958, qui distingue avec soin les* "traités" *des* "accords internationaux non soumis à ratification", *lesquels sont simplement mis en vigueur par* "approbation" – *sauf à donner à celle-ci la forme législative si l'accord en cause touche par son objet à une matière dont la réglementation est constitutionnellement du domaine du traité au sens formel* ».

[131] On peut rappeler à ce sujet que c'est sous cette forme que la déclaration commune franco-marocaine du 2 mars 1956, qui a reconnu l'indépendance du Maroc, a été conclue. On peut citer aussi l'accord de réciprocité maroco-tunisien en matière de recours aux fonds de garantie automobile signé entre les ministres des Finances des deux pays le 26 juin 1972 à la suite de l'échange de lettres intervenu le même jour (BO du 31 octobre 1973, p. 1851). Cependant la forme la plus élaborée reste celle qui concerne les accords entre le gouvernement du Royaume du Maroc et le gouvernement du Royaume d'Espagne sur le transfert de biens de l'État Espagnol dans l'ancienne zone nord du protectorat et l'avenant au protocole d'accord domanial entre le gouvernement du Royaume du Maroc et le gouvernement de la République Française. Le premier, signé à Madrid le 10 juillet 1978, comporte un article 11, qui indique expressément que « *le présent accord entrera en vigueur dès sa signature* ». Le second, signé à Rabat le 16 mars 1979, contient lui aussi un article 6, qui dispose que « *le présent avenant entre en vigueur à la date de sa signature* ». Les deux ont fait l'objet d'une publication au

On pourrait faire les mêmes observations pour les accords de prêt qui, conformément à une pratique constante bien établie, sont « *approuvés* » par décret du chef de gouvernement, et ce, en vertu d'une disposition de la loi de finances de l'année[132].

Ne pourrait-on pas, devant cette situation, penser à une autre formulation de la disposition relative à la proclamation de la primauté dans le Préambule de la Constitution et qui serait comme suit : le Royaume du Maroc s'engage à accorder aux conventions internationales « *dûment ratifiées ou approuvées ou auxquelles le Maroc a adhéré... la primauté sur le droit interne du pays...* » ou tout simplement « *dûment ratifiées ou auxquelles le Maroc fait partie... la primauté sur le droit interne du pays...* ».

Une telle formulation a l'avantage de donner à la primauté toute sa signification et d'éviter à l'avenir toute interprétation restrictive à ce sujet.

Cependant, comme nous avons pu le préciser auparavant, le problème de l'interprétation des dispositions relatives à la primauté des traités internationaux ne se pose pas uniquement sur le plan formel mais aussi au niveau des conditions matérielles qu'impose le préambule de la Constitution.

Bulletin officiel du Royaume du Maroc par décret du Premier ministre et non par Dahir, comme le veut la pratique en matière de publication des traités internationaux. BO n°3546 du 15 octobre 1980, p. 764 et n°3505 du 2 janvier 1980, p. 2.

[132] Le BO n°6423 bis du 21 décembre 2015 publie un décret du 21 décembre 2015 par lequel le chef du gouvernement donne au ministre de l'Économie et des Finances ou à la personne spécialement habilitée par lui à cet effet délégation sur la base de l'article 55 de la loi de finances pour l'année budgétaire 2016 : « *Aux fins de conclure, au nom du gouvernement du Royaume du Maroc, des accords de coopération financière, de contracter des emprunts extérieurs avec des gouvernements étrangers ou des organismes étrangers ou internationaux et d'émettre des emprunts sur le marché financier international ou de recourir à toute autre instrument financier, pendant l'année budgétaire 2016* ». Par le même décret, le chef du gouvernement donne également délégation au ministre de l'Économie et des Finances ou à la personne spécialement habilitée par lui à cet effet « *aux fins de signer, pendant l'année budgétaire 2016, au nom du gouvernement du Royaume du Maroc, les accords, conventions ou contrats de garantie à conclure avec des gouvernements étrangers ou des organismes étrangers ou internationaux* » (Cf. Annexe n°7).

2.- AU NIVEAU MATÉRIEL

La primauté des traités internationaux sur les lois internes est assortie ici de certaines conditions à savoir que les Conventions internationales auxquelles le Royaume du Maroc s'engage à accorder la primauté une fois « *ratifiées* » doivent intervenir:

- Dans le cadre des dispositions de la Constitution et des lois du Royaume.
- Dans le respect de son identité nationale immuable.
- Les Conventions doivent, en outre, faire l'objet d'une publication au Bulletin officiel du Royaume.
- Ces conditions sont liées à l'harmonisation des dispositions permanentes de la législation nationale du Royaume.

On retrouve presque les mêmes conditions au niveau de l'article 19 de la Constitution relatif à l'égalité entre l'homme et la femme en matière de droits et libertés énoncés dans la Constitution ainsi que dans « *les conventions et pactes internationaux dûment ratifiés par le Maroc et ce, dans le respect des dispositions de la Constitution, des constantes du Royaume et de ses lois* ».

Le juge marocain devant lequel la question de la primauté sera évoquée devra effectuer un contrôle très minutieux pour vérifier si la conclusion du traité en cause auquel la Maroc fait partie répond bien aux conditions imposées par la Constitution. Il peut aussi exiger l'harmonisation des dispositions de la Convention internationale avec la législation nationale. En dehors de la primauté des traités sur les lois internes qui constitue indéniablement une nouveauté de la Constitution de 2011, on peut relever aussi un autre apport relatif, cette fois-ci, au développement et à l'élargissement de la catégorie des traités dans le texte constitutionnel.

§2.- LE DÉVELOPPEMENT DES CATÉGORIES DES TRAITÉS DANS LE TEXTE CONSTITUTIONNEL DE 2011

À la différence des textes constitutionnels antérieurs, la Constitution de 2011 comporte plusieurs références aux traités internationaux. Mais, les principales innovations dans ce domaine résident dans l'élargissement de la catégorie des traités soumis à autorisation législative (avant leur ratification).

A.- LA RÉFÉRENCE AUX TRAITÉS INTERNATIONAUX DANS LE TEXTE CONSTITUTIONNEL

En plus du Préambule, dans lequel le Maroc « *réaffirme son attachement aux droits de l'homme tels qu'ils sont universellement reconnus* » et s'engage à protéger et promouvoir les dispositifs des droits de l'Homme et du Droit international humanitaire[133] et contribuer à leur développement dans leur indivisibilité et leur universalité et accorder aux Conventions internationales dûment ratifiées, comme on l'a vu, « *...la primauté sur le Droit interne...* », la Constitution de 2011 se réfère « *aux conventions et pactes internationaux* » dans le cadre de l'article 19, qui se rapporte à l'égalité entre l'homme et la femme en matière de droits et libertés énoncés dans la Constitution et dans les instruments internationaux.

La Constitution de 2011 se réfère aussi aux Conventions internationales au niveau de l'article 30, lorsqu'elle traite les droits et libertés politiques des ressortissants étrangers, dont ceux qui « *résident au Maroc peuvent participer aux élections locales en vertu de la Loi, de l'application de conventions internationales ou de pratiques de réciprocité* ».

Nous avons également l'article 42, qui dispose que « *le Roi, chef de l'État, son représentant suprême, symbole de l'unité de la Nation... veille au respect de la Constitution... et au respect des engagements internationaux du Royaume* ».

On peut, de même, mentionner dans cette liste l'article 92 concernant les questions soumises à délibération du conseil de gouvernement au titre desquels figurent « *les traités et les conventions internationales avant leur soumission au conseil des ministres, que préside le Roi* ». Il se peut que parmi ces traités et conventions figurent les accords en forme simplifiée, qui doivent normalement être portés à la connaissance du Roi par le truchement du conseil des ministres.

---

[133] La Constitution de 2011 est l'un des textes constitutionnels actuels qui accorde une place au « *Droit international humanitaire* ». La Délégation interministérielle des Droits de l'Homme a rendu public un ouvrage concernant les Conventions internationales humanitaires dont le Maroc fait partie (*Cf.* Publications de la Délégation interministérielle des Droits de l'Homme, Rabat, novembre 2015).

Il y a aussi l'article 23 dernier alinéa qui peut être cité dans la mesure où les crimes punis par cet article sont sanctionnés sévèrement par des Conventions internationales auxquelles le Maroc fait partie[134]: « *Le génocide et tous autres crimes contre l'humanité, les crimes de guerre et toutes les violations graves et systématiques des droits de l'homme sont punis par la loi* ».

On pourrait également évoquer ici l'article 16 dans la mesure où il prévoit que « *le Royaume du Maroc œuvre à la protection des droits et intérêts légitimes des citoyennes et citoyens marocains résidant à l'étranger, dans le respect du droit international et des lois en vigueur dans les pays d'accueil* ».

Mais c'est surtout l'article 55 qui traite des autorités compétentes en matière de conclusion des traités qui prévoit un élargissement de la catégorie des accords internationaux soumis à une autorisation législative et qui a introduit un contrôle de constitutionnalité des engagements internationaux. C'est ce qui nous intéresse le plus ici.

B.- L'ÉLARGISSEMENT DE LA CATÉGORIE DES TRAITÉS SOUMIS À AUTORISATION OU À APPROBATION LÉGISLATIVE

a.- DANS LES CONSTITUTIONS ANTÉRIEURES À 2011

La compétence du Parlement, dans ces Constitutions, était limitée aux seuls « *traités engageant les finances de l'État* ».

Il s'agit là d'une catégorie de traités qui se retrouve également dans la Constitution française de 1958 et même dans les Constitutions africaines d'expression française. Il convient de signaler que cette notion avait donné lieu à des discussions doctrinales en raison de son caractère très large aux contours imprécis d'autant plus que la pratique gouvernementale ne semble pas comporter de critères bien établis en la matière. Dès lors, tout dépend du gouvernement. C'est lui qui, en définitive, peut dire quels sont les traités susceptibles d'engager les finances de l'État et

---

[134] Le Maroc a adhéré à la Convention internationale pour la prévention et la répression du crime du génocide, approuvée par l'Assemblée générale de l'ONU dans sa résolution 260 A (III) du 9 décembre 1948 et entrée en vigueur le 12 janvier 1951 (*Cf.* à ce sujet, les Conventions internationales de Droit humanitaire auxquelles le Maroc fait partie, publication de la Délégation interministérielle des Droits de l'Homme, Rabat, novembre 2015).

quels sont ceux qui ne l'engagent pas. « *Prise à lettre*, devait observer, à ce sujet, le professeur Sudre, *cette expression est extrêmement vague et susceptible d'une interprétation... large. À la limite, on peut même affirmer que tout traité international engage les finances de l'État, ne serait-ce que parce qu'il suppose des frais de déplacement, des frais de séjour et la rémunération des fonctionnaires qui participent à sa négociation* »[135].

b.- DANS LA CONSTITUTION ACTUELLE DE 2011

Dans la Constitution marocaine adoptée en 2011, l'éventail du contrôle du Parlement sur les engagements internationaux a été élargi à d'autres catégories de traités en plus de ceux engageant les finances de l'État.

L'article 55 de la nouvelle Constitution précise à ce sujet que « *le Roi signe et ratifie les traités. Toutefois, les traités de paix ou d'union, ou ceux relatifs à la délimitation des frontières, les traités de commerce ou ceux engageant les finances de l'État ou dont l'application nécessite des mesures législatives, ainsi que les traités relatifs aux droits et libertés individuelles ou collectives des citoyennes et des citoyens, ne peuvent être ratifiés qu'après avoir été préalablement approuvés par la loi* ».

L'article 55 ajoute aussi que « *le Roi peut soumettre au Parlement tout autre traité ou convention avant sa ratification* ».

Comme on le voit, la Constitution a établi un partage de compétence en matière de conclusion des traités entre deux organes: le Roi et le Parlement.

c.- LA RÉPARTITION DES COMPÉTENCES EN MATIÈRE DE CONCLUSION DES TRAITÉS ENTRE LE ROI ET LE PARLEMENT

- S'agissant de la compétence du Parlement, il convient de souligner, comme nous avons eu l'occasion de le préciser dans

---

[135] *Cf.* F. Sudre, *La notion de traité international engageant les finances de l'État dans la Constitution de la Vème République, RGDP,* 1976, p. 163. *Cf.* pour plus de détails sur cette question, H. Ouazzani Chahdi, *L'article 31 de la Constitution de 1972 et le droit des traités, op. cit.,* pp. 103 et s. *Cf.* de même Boris Mirkine Guetzvich, *La technique parlementaire des relations internationales, RCADI,* 1963, Tome II, Volume 56, p. 263.

d'autres études[136] et contrairement à ce qu'on a pu écrire parfois[137], le Parlement ne ratifie pas un traité et ne le vote pas article par article. Le Parlement se prononce sur un projet de loi dont l'objet est d'accorder ou de refuser à l'exécutif l'autorisation de ratification.

Le Parlement, comme nous l'avons signalé dans ces mêmes études, aurait dans ce cas, selon l'expression célèbre de Montesquieu la « *faculté d'empêcher* » et non celle de « *statuer* » : « *J'appelle,* dit-il, *faculté de statuer, le droit d'ordonner par soi-même ou de corriger ce qui a été ordonné par un autre, j'appelle faculté d'empêcher le droit de rendre nulle une résolution prise par quelque autre* »[138].

Sur le plan marocain, la pratique utilise beaucoup plus le mot « *approbation* » qu'« *autorisation* ». Quoi qu'il en soit, la loi d'autorisation ou d'approbation est une loi comme les autres. Elle est promulguée par Dahir dans le délai de 30 jours, conformément à l'article 50 de la Constitution, et publiée au Bulletin officiel du Royaume[139].

Le Parlement peut approuver le traité comme il peut ne pas l'approuver. La Constitution n'a pas prévu d'alternative en cas de

---

[136] *Cf.* H. Ouazzani Chahdi, *L'article 31 de la Constitution de 1972 et le droit des traités, op. cit.*, pp. 102 et s. *La pratique marocaine du droit des traités, op. cit.*, pp. 398 et s.

[137] Le quotidien *Maroc Soir* du 4 novembre 1971 voulant annoncer l'autorisation donnée par le Parlement au gouvernement pour ratifier la convention fiscale maroco-française signée à Paris le 29 mai 1970, avait écrit à tort que « *par 183 voix contre 6 abstentions, la Chambre des Représentants a ratifié hier, conformément aux dispositions de l'article 31 de la Constitution, la convention...* ».

[138] Cité par J. L. de Corail, *Le contrôle des Chambres en matière de politique extérieure, RDP,* 1956, p. 800. *Cf.* aussi, H. Ouazzani Chahdi, *L'article 31 de la Constitution de 1972 et le droit des traités, op. cit.*, p. 102.

[138] *Cf.* à titre d'exemple, le Dahir du 2 mars 2016 n°1-16-26 portant promulgation de la loi n°56-15 portant approbation de la Convention n°172 concernant les conditions de travail dans les hôtels, restaurants et établissements similaires, 1991, adoptée par la Conférence générale de l'Organisation internationale du Travail dans sa soixante-dix-huitième session à Genève le 25 juin 1991 (BO n°6458 du 21 avril 2016, p. 524).

[139] *Cf.* pour plus de détails sur ces questions, A. Ghazi, *Le contrôle du Parlement sur la politique extérieure. Cas du Maroc,* Mémoire de DESA en Études internationales, Faculté des Sciences juridiques, économiques et sociales de Casablanca, année universitaire 2001/2002.

refus par le Parlement d'autoriser ou d'approuver le principe de la ratification ou de l'adhésion à une Convention internationale. En général, toutes les Conventions internationales qui ont été soumises, jusqu'à présent, au Parlement ont été approuvées favorablement. Certains Députés estiment même que la politique étrangère fait partie du « *domaine réservé* » du Roi. D'ailleurs, le ministre des Affaires étrangères n'est pas souvent invité par les Chambres du Parlement marocain pour répondre aux questions des parlementaires comme c'est le cas des autres ministres[140].

En principe, lorsque le Parlement refuse l'approbation d'un accord international, la ratification ou l'adhésion ne peuvent pas avoir lieu dans cette situation. Il convient aussi de préciser que la loi d'autorisation ou d'approbation peut faire l'objet, comme toutes les lois, d'un contrôle de constitutionnalité sur la base de l'article 132 de la Constitution. La Cour constitutionnelle serait amenée ainsi à examiner directement la loi qui lui a été soumise et indirectement la Convention en cause. En France, par exemple, le Conseil constitutionnel semble accueillir favorablement le contrôle de la constitutionnalité des lois d'autorisation législative[141].

---

[141] Selon le professeur Favoreu et autres, *Droit constitutionnel,* Paris, Dalloz, 2016, 18ème édition, pp. 384 et 385. « *La Constitution du 4 octobre 1958 a institué une procédure spécifique de contrôle des engagements internationaux par rapport à la Constitution, distincte, en partie du contrôle de constitutionnalité des lois. D'une part, en effet, aux termes de l'article 54 de la Constitution le Conseil peut être amené à déclarer qu'un engagement international déféré à son examen par les autorités compétentes (président de la République, Premier ministre, président des Assemblées parlementaires ainsi que soixante députés ou soixante sénateurs), comporte une ou plusieurs stipulations contraires à la Constitution. D'autre part, le conseil constitutionnel admet néanmoins qu'un examen identique puisse être opéré lorsque, saisi sur la base de l'article 61, alinéa deux de la Constitution, il est amené à se prononcer sur la conformité à la Constitution de la loi qui en autorise la ratification ou l'approbation. La distinction entre les deux procédures tient davantage à la forme qu'au fond : tandis qu'en application de l'article 54, le Conseil est saisi directement de l'instrument international (qu'il contrôle seul), il ne l'est qu'indirectement dans le cadre de l'article 61, alinéa 2 de la Constitution, par le truchement de la loi portant l'autorisation de ratification ou d'approbation (et il pourra de ce fait contrôler à la fois, la loi et l'engagement international). Mais sur le fond, le contrôle est le même et porte, s'agissant de l'engagement international, sur l'ensemble de ses stipulations ainsi confrontées aux mêmes normes de constitutionnalité* » :

- En ce qui concerne la compétence du Roi, elle se limite selon la Constitution au pouvoir de signer et de ratifier.
Sans doute, la Constitution ne mentionne-t-elle pas que la signature et la ratification comme modes d'expression de l'engagement de l'État marocain sur le plan international, mais la pratique marocaine du Droit des traités comporte aussi des instruments d'adhésion semblables à ceux de la ratification, qui sont également scellés par le Souverain comme nous pouvons le constater plus loin.

LA SIGNATURE DES TRAITÉS

La signature constitue, selon l'article 12 de la Convention de Vienne sur le Droit des traités (1969), un moyen d'expression de l'engagement de l'État sur le plan international lorsque le traité le prévoit expressément ou « *lorsque, par ailleurs, il est établi que les États ayant participé à la négociation étaient convenus que la signature aurait cet effet ou, enfin, lorsque l'intention de l'État de donner cet effet à la signature ressort des pleins pouvoirs de son représentant ou a été exprimée au cours de la négociation* »[142].

On se retrouve, dans ce cas, en présence d'un accord en forme simplifié qui n'a pas besoin, comme dans le cas du traité en forme solennelle, de suivre la procédure de la ratification pour entrer en vigueur.

En règle générale, ce sont les négociateurs eux-mêmes qui signent le traité. Processus logique, la signature n'étant rien d'autre que l'aboutissement normal des négociations[143]. Le Dictionnaire de la Terminologie du Droit international donne plusieurs définitions de la signature. Nous en retenons la première, qui nous concerne ici. La signature est définie ainsi comme « *l'acte par lequel les plénipotentiaires qui ont négocié un traité, après en avoir arrêté le texte, apposent leur nom à la fin de l'instrument officiel qui en énonce les termes, attestent par là leur accord sur ces termes, l'authenticité de cet instrument et fixent ainsi le lieu et la date qui serviront à désigner ce traité, cette signature pouvant, suivant le*

---

[142] *Cf.* pour cette Convention : Pierre-Marie Dupuy, *Grands textes de droit international public, op. cit.*, p. 228.
[143] *Cf.* Ch. Rousseau, *Droit international public. Introduction et sources, op. cit.*, p. 84.

cas, soit être donnée sous réserve explicite ou implicite de ratification, soit engager immédiatement et directement l'État au nom duquel elle a été donnée »[144].

Ainsi entendue, la signature apparaît nettement comme une compétence séparée de la ratification. Ce n'est pas cette règle qui semble avoir été consacrée par la Constitution marocaine actuelle, qui s'est contentée de reprendre purement et simplement la formule des Constitutions précédentes, à savoir celles de 1962, 1970, 1992 et 1996 : « *Il* [le Roi] *signe et ratifie les traités* ».

Cette expression se trouve également dans la Constitution française de 1946, dont l'article 31 dispose que « *le président de la République est tenu informé des négociations internationales. Il signe et ratifie les traités* ».

Cette formule a fait l'objet de vives critiques en doctrine. « *C'est là,* selon le professeur Rousseau, une disposition qui ne figurait pas dans la Constitution de 1875 et dont aucune raison sérieuse ne commandait l'insertion. Dès lors que le régime constitutionnel français refuse au chef de l'État toute participation directe aux négociations diplomatiques. Elle est pratiquement restée dépourvue d'application en dehors des traités conclus dans le cadre de l'Union française avec les États associés (cas des traités conclus par la France avec le Laos le 19 juillet 1949 et avec le Cambodge le 8 novembre 1949, qui ont été signés par le président Auriol). Elle n'en était pas moins profondément irrationnelle dans la mesure où elle méconnaissait la véritable fonction de la ratification, laquelle consistait à l'origine dans la confirmation d'une signature donnée par un mandataire. Toute la procédure de conclusion des traités a précisément tendu à dissocier deux compétences, qui, différentes dans leur nature, doivent rester distinctes dans leur exercice : on ne se ratifie pas soi-même »[145].

On comprend ainsi pourquoi la Constitution française du 4 octobre 1958 dispose dans son article 52 que « *le Président de la République négocie et ratifie les traités. Il est informé de toute*

---

[144] *Cf. Le Dictionnaire de la Terminologie du Droit international,* Paris, Sirey, 1960, p : 565

[145] *Cf.* Ch. Rousseau, *op. cit.*, p. 84.

négociation tendant à la conclusion d'un accord non soumis à ratification »[146].

Sur le plan marocain, la formule paraît de même critiquable puisque, en réalité, ce sont les négociateurs marocains qui signent les traités. La pratique semble établie dans ce sens.

Ainsi, si en fait le Roi ne signe généralement pas les traités, il n'en est pas moins en ce qui concerne la ratification qui reste une prérogative essentielle du Souverain.

LA RATIFICATION DES TRAITÉS

La ratification a été définie comme « *l'approbation donnée au traité par les organes internes compétents pour engager internationalement l'État* » ou « *la procédure définitive qui donne aux traités leur validité* » ou encore « *l'acte par lequel la volonté des États est confirmée par l'autorité compétente en vue de lui donner force de loi* »[147].

Elle constitue, selon la Cour internationale de Justice, « *une condition indispensable de l'entrée en vigueur du traité. Elle n'est donc pas,* ajoute la Cour, *une simple formalité, mais un acte d'importance essentielle* »[148].

La Convention de Vienne sur le Droit des traités de 1969 la considère comme un procédé parmi d'autres pour exprimer le consentement de l'État sur le plan international ainsi que cela ressort des termes de l'article 11 de cet instrument. L'article 14 paragraphe 2 de cette même Convention précise à ce sujet que le consentement d'un État à être lié par un traité peut s'exprimer par « *l'acceptation* » ou « *l'approbation* » dans de conditions analogues à celles qui s'appliquent à la ratification. Dans le commentaire de cet article, la Commission du Droit international observe à propos de l'approbation que ce terme a été introduit dans le vocabulaire de la conclusion des traités plus récemment encore que l'acceptation.

---

[146] On peut remarquer que la plupart des Constitutions étrangères mentionnent soit que le Roi ou le président de la République « *négocie et ratifie...* », soit « *ratifie* » soit encore « *conclut* » les traités et accords internationaux ou enfin exprime le consentement de l'État à souscrire à des engagements sur le plan international par des traités (formule de la Constitution espagnole de 1978.).

[147] *Cf.* Ch. Rousseau, *Droit international public, op. cit.*, p. 88.

[148] CIJ, *Affaire Ambatielos, Recueil des arrêts, avis consultatifs et ordonnances,* 1952, p. 43.

Elle « *apparaît, peut être, plus souvent dans une clause prévoyant la signature sous réserve d'approbation que dans une clause stipulant que le traité est simplement ouvert a l'approbation sans signature, mais on rencontre les deux formes. En fait,* conclut la Commission de Droit international, *l'idée d'introduire cette procédure dans la pratique de la conclusion des traités semble venue des procédures ou pratiques constitutionnelles d'approbation des traités qui sont en vigueur dans certains pays* »[149].

C'est justement pour éviter cet amalgame entre approbation parlementaire et ratification par le chef de l'État que certaines Constitutions qui accordent le pouvoir de ratifier à ce dernier ont opté pour « *l'autorisation législative* » au lieu d'une approbation parlementaire.

Sur le plan du Droit public interne, la ratification constitue une compétence que fixe discrétionnairement le Droit constitutionnel de chaque État[150].

Au Maroc, c'est le Roi, comme on a pu le constater, qui dispose, d'après l'article 55 de la Constitution, du pouvoir de ratifier les Conventions internationales.

Du point de vu pratique, la ratification se présente de nos jours sous la forme de « *Lettres de ratification* », qui constituent un document écrit par lequel le Roi déclare que le traité est accepté et ratifié, et promet de le faire exécuter. Les lettres de ratification sont scellées et contresignées par le chef du gouvernement. C'est ce qui résulte des lettres de ratification actuelles[151].

Une autre procédure de ratification existait auparavant dans la pratique marocaine. Elle a été abandonnée approximativement à

---

[149] *Cf.* pour plus de détails, *ACDI,* 1966, Volume II, p. 216.
[150] *Cf.* Ch. Rousseau, *op. cit.,* p. 91.
[151] *Cf.* exemple en annexes n°1. Dans la pratique marocaine actuelle, les lettres de ratification sont conçues de la façon suivante :
« *Louange à Dieu Seul !*
« (Grand Sceau de Sa Majesté Mohammed VI)
« *Que l'on sache par les présentes – puisse Dieu en élever et en fortifier la teneur*
« *Qu'ayant pris connaissance de la convention...X...signée... à ... le ...*
« *Notre MAJESTÉ Chérifienne*
« *Déclare que ladite convention est acceptée et ratifiée*
« *Et promet de la faire* exécuter »
Pour contreseing : Le chef du gouvernement Rabat le ... date de l'hégire
(Correspondance grégorienne).

partir de 1970. Il s'agissait de la ratification par Dahir ou par décret royal comme cela avait été le cas de 1965 à 1969, c'est-à-dire pendant « *l'état d'exception* » que le Maroc avait connu durant cette période. Or, le Dahir – tout comme le décret royal – constitue des actes du Souverain d'ordre interne. C'est pour cette raison que certains pays dépositaires de Conventions internationales avaient recommandé au Maroc de se conformer aux usages internationaux et de réserver le Dahir pour l'application de la Convention sur le plan interne. Le problème s'est posé concrètement en 1968 lorsque le Maroc voulait ratifier l'acte de Nice relatif à l'enregistrement international des marques de fabrique et de commerce du 15 juin 1957. Le gouvernement français, État dépositaire de la présente Convention, avait refusé d'accepter les instruments de ratification du Maroc de l'Acte susvisé sous forme de décret royal, estimant qu'il s'agit là d'un document d'ordre interne qui ne répond pas aux usages internationaux[152].

Pour les traités qui ne peuvent être ratifiés qu'à la suite d'une autorisation ou d'une approbation législative, les lettres de ratification font référence expressément à la loi d'approbation ainsi qu'au Dahir qui l'a promulguée. Cette formule apparaît, par

[152] Le gouvernement français souligne par la même occasion « *le caractère inhabituel de la procédure suivie* », alors « *qu'il est de pratique constante, lorsqu'un État s'engage sur le plan international, qu'il présente un document distinct de l'Acte interne autorisant la ratification* ». C'est ce qui résulte d'une note explicative adressée au Directeur général du Cabinet royal par le ministère des Affaires étrangères sous le n°191-SG-68-MAE en date du 28 mai 1968 (*Cf.* pour plus de détails, H. Ouazzani Chahdi, *La pratique marocaine du droit des traités, op. cit.*, pp. 417 et s). Il faut dire aussi que le secrétaire général des Nations Unies avait demandé lui aussi aux autorités marocaines de se conformer aux usages internationaux, en utilisant des lettres de ratification pour le dépôt à son siège des instruments de ratifications aux traités multilatéraux. Le ministre des Affaires étrangères du Maroc avait d'ailleurs demandé dès 1964 au secrétaire général du gouvernement de soumettre à l'appréciation de Sa Majesté le Roi un modèle de lettres de ratification. Seulement, avec la proclamation, en juin 1965, de l'état d'exception et la concentration intervenue par la suite des compétences du chef d'Etat et du gouvernement entre les mains du Roi et aussi l'apparition dans la législation marocaine des décrets royaux de ratification, la mise en œuvre de cette procédure a été retardée. Il a fallu attendre 1968 pour voir la question rejaillir à nouveau à l'occasion de la ratification par le Maroc de l'acte de Nice précité relatif à l'enregistrement international des marques de fabrique et de commerce.

exemple, clairement dans les lettres de ratification de l'amendement à la Convention sur la protection physique des matières nucléaires, faite à Vienne le 8 juillet 2005[153].

Il convient de signaler que depuis que les instruments de ratification du Maroc sont échangés ou déposés, selon les cas, sous forme de « *lettres de ratification* », en remplacement du Dahir de ratification, le Dahir n'intervient que pour promulguer la loi d'autorisation ou d'approbation de la Convention internationale en question ou pour publier le texte de celle-ci, une fois ratifiée. C'est ce qui résulte de la pratique actuelle dans ce domaine qu'on peut relever à partir de la lecture des exemples publiés dans le Bulletin officiel du Royaume. À titre d'illustration, on peut citer le Dahir du 2 mars 2016 promulguant la loi n°56-15 portant approbation de la Convention n°172 concernant les conditions de travail dans les hôtels, restaurants et établissements similaires, adoptée par la Conférence générale de l'Organisation internationale du Travail lors de sa soixante-dix-huitième session à Genève le 25 juin 1991[154].

Pour le Dahir de publication, on peut mentionner le Dahir du 18 juillet 2016 portant publication de la Convention sur la Coopération judiciaire en matière d'extradition faite à Tunis le 25 septembre 2016 entre le Royaume du Maroc et la République tunisienne[155]. On peut citer également le Dahir de publication de l'accord de Paris sur les changements climatiques adopté le 12 décembre 2015[156].

L'ADHÉSION AUX TRAITÉS

L'adhésion a été définie comme « *l'acte juridique par lequel un État qui n'est pas partie à un traité international devient partie à celui-ci par une déclaration faite conformément à une clause dudit traité autorisant ce procédé* »[157].

---

[153] *Cf.* Bulletin officiel, n°6470 du 2 juin 2016, p. 831.
[154] *Cf.* Bulletin officiel n°6458 du 21 avril 2016, p. 524.
[155] *Cf.* Bulletin officiel n°6496 du 1er septembre 2016, p. 1372.
[156] *Cf.* Bulletin officiel n°6518 du 17 novembre 2016, p. 1763. *Cf.* Annexe n°5.
[157] *Cf.* Ch. Rousseau, *Droit international public, Tome I. Introduction et sources, op. cit.*, p. 113.

Dans la pratique diplomatique internationale, l'adhésion est considérée comme synonyme de l'accession.

L'une comme l'autre constitue un moyen de participation des États aux Conventions multilatérales[158]. Certains auteurs traitent l'adhésion avec l'accession, estimant que celle-ci est plus proche de l'adhésion que de la ratification[159]. L'article 15 de la Convention de Vienne sur le Droit des traités ne mentionne, cependant, que l'adhésion. Celle-ci peut exprimer le consentement d'un État à être lié par un traité : a) lorsque le traité le prévoit expressément ou b) lorsqu'il est, par ailleurs, établi que les États ayant participé à la négociation étaient convenus que ce consentement pourrait être exprimé par voie d'adhésion, ou c) lorsque toutes les parties sont convenues ultérieurement que le consentement de l'État pourrait être exprimé par ce procédé.

Sur le plan procédural, l'adhésion apparaît comme « *un acte unique qui doit être précédé de formalités nécessaires pour assurer l'engagement de l'État sur le plan international, autorisation parlementaire notamment* ».

Elle fait l'objet, dans ce cas, d'un « *instrument qui va être remis à l'autorité dépositaire et c'est celle-ci qui fait connaître aux États parties la décision de l'État qui n'a pas participé à la conférence d'être, désormais, lié par la convention. La procédure de l'adhésion est donc normalement utilisée comme une procédure permettant d'étendre le traité à des États qui n'ont pas participé à la négociation et qui deviennent ainsi parties au traité* ».

Au point de vue de la forme, « *trois procédés ont été successivement utilisés, comme a pu le préciser le professeur Rousseau : a) adhésion par traité spécial, b) adhésion par déclarations échangées (déclaration d'adhésion et déclaration d'acceptation, l'une et*

---

[158] *Cf.* S. Bastide, *Cours de Droit international public,* 1967-1968, Paris, *Les Cours de Droit,* p. 151.
Selon le professeur Rousseau, (*op. cit.)* « *Ce procédé (l'adhésion) reçoit également le nom d'accession, plus volontiers employé par les pays de langue anglaise. Il faut tout de suite souligner que les deux termes sont synonymes, la pratique diplomatique ayant consacré depuis les conférences de La Haye de 1899 et de 1907 l'équivalence des deux expressions et ayant rejeté l'interprétation alors présentée par certains auteurs, suivant laquelle il conviendrait d'établir une différence de statut entre l'État adhérent et l'État accédant* ».

[159] *Cf.* à ce sujet, J. Combacau et S. Sur, *Droit international public,* Paris, LGDJ, 2014, 11ème édition, p. 122.

l'autre soumises à ratification), c) adhésion par acte unilatéral (déclaration adressée à un gouvernement désigné par le traité pour la recevoir et qui en avisera les États signataires). C'est le procédé le plus fréquemment utilisé aujourd'hui… »[160].

Sur le plan marocain, la pratique utilise, comme nous l'avons signalé plus haut, des lettres d'adhésion par analogie avec la procédure de ratification. Les lettres d'adhésion sont scellées par le Souverain. Cette technique a été mise en place à partir des années 70 comme le montre l'adhésion du Maroc, le 10 octobre 1972, aux Conventions, Statuts et Protocole additionnel sur le régime des voies navigables d'intérêt international faits à Barcelone le 21 avril 1921. En effet, dans une lettre en date du 23 août 1972, le secrétaire général du gouvernement porte à la connaissance du ministère des Affaires étrangères que « *Sa Majesté le Roi ayant bien voulu sceller les lettres d'adhésion visées en objet, il conviendrait de procéder à leur dépôt auprès du secrétaire général des Nations Unies. À cet effet,* ajoute le secrétaire général du gouvernement, *je vous adresse, ci-joint, l'instrument d'acceptation du Royaume. Je vous serais très obligé de bien vouloir m'adresser copie du procès-verbal qui sera adressé, lors du dépôt dudit instrument, afin de me permettre de procéder à la publication de cette convention* »[161].

Effectivement, par note n° 390-1002-72 en date du 9 octobre 1972, la mission permanente du Maroc à New York avait transmis au secrétaire général des Nations Unies, l'instrument d'adhésion du Maroc aux Conventions, Statuts, et Protocole précités. Depuis lors, on peut dire que cette procédure est devenue une pratique constante pour l'adhésion du Maroc à une Convention multilatérale.

C'est par ce procédé, que le Maroc a adhéré le 25 février 2016 à la Convention internationale de 1989 sur l'assistance, faite à Londres le 28 avril 1989[162].

---

[160] *Cf.* Ch. Rousseau, *Droit international public, op. cit.*, p. 114.

[161] *Cf.* Bulletin officiel, n°3209 du 1er mai 1974, p. 728. *Cf.* de même : Archives du secrétariat général du gouvernement, dossier relatif à la publication de la Convention, statuts et Protocole additionnel sur le régime des voies navigables d'intérêt international, faits à Barcelone le 21 avril 1921. *Cf.* également, H. Ouazzani Chahdi, *La pratique marocaine du droit des traités, op. cit.*, p. 428.

[162] *Cf.* Dahir n°1-14-46 du 18 juillet 1989 portant publication de cette Convention au BO n°6500 du 15 septembre 2016, p. 1400.

C'est par cette pratique également que le Maroc a adhéré à l'Acte constitutif de l'Union africaine, suivant les instruments d'adhésion du Royaume déposés à Addis-Abeba le 31 janvier 2017[163].

Auparavant, le Parlement marocain, par une loi n°01-17 promulguée par Dahir du 20 janvier 2017, avait approuvé cet instrument[164].

Il faut ajouter aussi que les lettres d'adhésion comportent parfois des réserves[165]. On peut citer, à ce sujet, les réserves faites

---

[163] *Cf.* Dahir du 31 juillet 2017 portant publication de l'Acte constitutif de l'Union africaine, adopté à Lomé (Togo) le 11 juillet 2000, et du Protocole sur les amendements annexé audit Acte, adopté à Addis-Abeba (Éthiopie) le 3 février 2003 et à Maputo (Mozambique, le 11 juillet 2003, BO n°6539 bis du 31 janvier 2017. *Cf.* aussi cet Acte en annexes n°5.

[164] *Cf.* BO n°6336 bis du 20 janvier 2017, p. 72.

[165] Aux termes de la Convention de Vienne sur le droit des traités, « *l'expression réserve s'entend d'une déclaration unilatérale, quel que soit son libellé ou sa désignation, faite par un État quand il signe, ratifie, accepte ou approuve un traité ou y adhère, par laquelle il vise à exclure ou à modifier l'effet juridique de certaines dispositions du traité dans leur application à cet État* » (article 2). Une partie de la doctrine avait souligné le « *dilemme* » devant lequel les réserves placent le traité. Si l'on refuse de les admettre, on court le risque de limiter le nombre des États qui s'engageront, car peu accepteront l'ensemble des dispositions. Si, en revanche, on admet les réserves trop libéralement, on assure une extension facile du traité, mais, peut-être, une extension fallacieuse, dans la mesure où chaque État aura tendance à réécrire le traité pour son compte, démantelant ainsi son unité juridique (*Cf.* pour plus de détails, Jean Combacau et Serge Sur, *Droit international public,* Paris, LGDJ, 11ème édition, 2014, p. 135). On peut, cependant, observer à ce sujet que, depuis l'époque de la SDN, un assouplissement de plus en plus large de la pratique internationale en faveur de l'admission des réserves a été réalisé. L'étape décisive de cet assouplissement n'a été franchie qu'à la suite de l'avis consultatif de la Cour internationale de Justice sur les réserves à la Convention pour la prévention et la répression du crime de génocide, adoptée par l'Assemblée générale des Nations Unies le 9 décembre 1948. Dans cet avis, la Cour avait admis la possibilité de faire des réserves pourvu que celles-ci soient compatibles avec l'objet et le but de la Convention en question (*Cf.* CIJ, *Recueil des arrêts, avis consultatifs et ordonnances,* 1951, Avis consultatif du 28 mai 1951, p. 24). *Cf.* sur les réserves en général, H. Imbert, Les réserves aux traités multilatéraux, Paris, A. Pedone, 1979. *Cf.* aussi, J. Nisot, Les réserves aux traités et à la Convention de Vienne du 23 mai 1969, extrait de la *RGDIP*, janvier et mars 1973, n°1. *Cf.* de même, *ACDI,* 1966, Volume II, pp. 220 et s. *Cf.* dans ce sens, CDI, Huitième rapport sur les réserves aux traités, Genève, 2003, V. également le rapport de la CDI, soixante-troisième session, Nations Unies, New York 2012, n° A/66/10/Add.1.

par le Maroc lors de son adhésion, le 21 juin 1993, à la Convention du 18 décembre 1979 sur l'élimination de toutes les formes de discrimination à l'égard des femmes. Le Dahir de publication de cette Convention au Bulletin officiel du Royaume du Maroc[166] porte la mention suivante « *Vu le procès-verbal de dépôt des instruments d'adhésion du Royaume du Maroc à ladite convention fait à New York le 21 juin 1993, instruments assortis des déclarations et réserves suivantes…* ».

Il s'agit, pour les déclarations, de l'article 2 et du paragraphe 4 de l'article 15. Quant aux réserves, elles portaient sur le paragraphe 2 de l'article 9, de l'article 16 et de l'article 29. Seulement, par une notification en date du 8 avril 2011, le Maroc a informé le secrétaire général des Nations Unies qu'il a décidé de retirer les réserves au paragraphe 2 de l'article 9 et à l'article 16, réserves formulées lors de l'adhésion à cette Convention internationale. Le Maroc maintient, cependant, les déclarations en ce qui concerne l'article 2 et le paragraphe 4 de l'article 15 ainsi que les réserves formulées au sujet de l'article 29[167].

En dehors des réserves faites lors de l'adhésion, le Maroc a fait également usage des réserves à l'occasion de la signature et de la ratification[168].

On doit, cependant, signaler que le Maroc a fait usage aussi, par le passé, d'une autre procédure d'adhésion considérée comme dépassée aujourd'hui. Il s'agit de la ratification de l'adhésion. Une partie de la doctrine la considère comme un « *inconvénient* » qui fait perdre « *toute signification à la signature différée comme procédé autonome d'extension d'un régime conventionnel aux Etats non signataires* »[169].

---

[166] BO n°4866 du 18 janvier 2001, p. 167.

[167] Le secrétaire général des N.U. a reçu le 8 avril 2011 une notification du Royaume du Maroc l'informant de cette décision (*Cf.* cette notification dans le site de la Convention sur l'élimination de toutes les formes de discrimination à l'égard des femmes. État des signatures, ratifications, adhésions et successions au 6 décembre 2016. *Cf.* aussi ces documents en Annexes n°6 sur cet ouvrage).

[168] *Cf.* A. El Moutawakil, *La pratique marocaine en matière de réserves aux traités,* Mémoire pour le DÉS de Sciences politiques, Faculté des Sciences juridiques, économiques et sociales de Casablanca, juin 1981.

[169] Ch. Rousseau, *op. cit.*, p. 115.

Une telle procédure constitue, selon la Commission du Droit international, une « *anomalie* », mais elle n'est guère fréquente et ne semble pas créer de difficultés dans la pratique. C'est pour cette raison que la Commission n'avait pas jugé nécessaire de la prévoir expressément dans son projet d'articles relatif à la Convention de Vienne sur le Droit des traités[170].

En dehors de cette pratique, le Maroc fait usage également de l'adhésion pure et simple, sans aucune ratification ultérieure. Dans ce cas, la procédure d'adhésion intervient par une déclaration émanant du ministère des Affaires étrangères, une déclaration par laquelle celui-ci fait part à l'organe dépositaire de la Convention de l'adhésion du Maroc à celle-ci.

Dans certains cas, cette déclaration a été précédée d'un Dahir prononçant l'adhésion. Dans d'autres, au contraire, elle a été considérée comme suffisante. Un exemple de cette technique peut être fourni par la Convention internationale sur les lignes de charge signée à Londres le 5 avril 1966. L'adhésion du Maroc à cette Convention a été faite par déclaration du ministre des Affaires étrangères en date du 23 décembre 1967 : « *Nous, ministre des Affaires étrangères de Sa Majesté le Roi, déclarons par les présentes que le Royaume du Maroc adhère à la Convention internationale de 1966 sur les lignes de charge, conformément aux stipulations de son article 27. Fait à Rabat le 23 décembre 1967* ».

Le secrétaire général de l'Organisation intergouvernementale consultative de la Navigation maritime (IMCO) avait, lui aussi, considéré, pour sa part, cette déclaration comme suffisante pour engager l'État marocain sur le plan international ainsi que cela résulte de la note n°A II-G-2.03 du 24 janvier 1968 par laquelle il avait accusé réception de cet instrument d'adhésion : « *Le secrétaire général de l'IMCO présente ses compliments à Monsieur le ministre des Affaires étrangères du Maroc et a l'honneur de lui accuser réception de l'instrument d'adhésion à la*

---

170 *Cf. Annuaire de la Commission de Droit international* (*ACDI*), 1966, Volume II, p. 217. À titre d'illustration, on peut citer l'accord sur le sucre adopté à Genève le 24 octobre 1958 : C'est par dahir n°1-59-343 du 18 rebia II 1379 (21 octobre 1959) portant « *ratification de l'adhésion* » donnée par le Maroc le 23 octobre 1958 que cet accord a été publié au Bulletin officiel du Royaume du 30 décembre 1959, p. 1818. Pour d'autres exemples sur cette procédure, *Cf.* H. Ouazzani Chahdi, *La pratique marocaine du droit des traités, op. cit.*, pp. 423 et s.

Convention internationale de 1966 sur les lignes de charge, daté du 23 décembre 1967, conformément à l'article 27 de la Convention, le secrétaire général avisera les gouvernements contractants du dépôt en date du 19 janvier 1968 de cet instrument d'adhésion ».

La Convention avait fait l'objet par la suite d'une publication au Bulletin officiel par Dahir du 27 juillet 1972[171].

Parmi les exemples les plus récents de cette pratique, on peut citer la notification par le ministère des Affaires étrangères de l'acceptation du Maroc en date du 14 octobre 2013 de l'Amendement à l'article 8 de la Convention internationale sur l'élimination de toutes les formes de discrimination raciale : « *Par la présente, le Royaume du Maroc a l'honneur de communiquer au secrétaire général de l'organisation des Nations Unies son acceptation de l'Amendement à l'article 8 de la Convention internationale sur toutes les formes de discrimination raciale qui a été approuvé par les États Parties à la convention lors de la 14ème Réunion des États Parties tenue à New York le 15 janvier 1992 et approuvé par l'Assemblée Générale à sa 47ème Session par la résolution 47/111 du 16 décembre 1992* »[172].

§.3.- LE CONTRÔLE DE CONSTITUTIONNALITÉ DES ENGAGEMENTS INTERNATIONAUX AVANT LEUR RATIFICATION

Il s'agit d'un contrôle a priori exercé par la cour constitutionnelle[173], conformément à l'article 55 de la Constitution, qui

---

[171] *Cf.* B.O n°3207 du 17 avril 1974, p. 574. *Cf.* aussi Archives du secrétariat général du gouvernement, Rabat, dossier relatif à la publication de la Convention internationale sur les lignes de charge du 5 avril 1966.

[172] *Cf.* Cette notification en annexes n°3.

[173] Il convient de signaler que la Cour constitutionnelle a été instituée par la Constitution de 2011, en remplacement du Conseil constitutionnel, appelé à rester en fonction et à continuer d'exercer ses attributions jusqu'à l'installation de cette Cour, conformément à l'article 177 de la Constitution. L'installation de la Cour constitutionnelle doit être précédée de la désignation des membres qui la composent. À ce sujet, l'article 130 de la Constitution dispose que la Cour constitutionnelle se compose de « *douze membres nommés pour un mandat de neuf ans non renouvelable. Six membres sont désignés par le Roi, dont un membre proposé par le Secrétaire général du Conseil supérieur des Oulémas et six membres sont élus, moitié par la Chambre des Représentants, moitié par la Chambre des conseillers parmi les candidats présentés par le Bureau de chaque*

précise à ce sujet : « *Si la Cour constitutionnelle, saisie par le Roi, ou le chef du gouvernement ou le président de la Chambre des Représentants ou le président de la Chambre des Conseillers ou le sixième des membres de la première Chambre ou le quart des membres de la deuxième Chambre, déclare qu'un engagement international comporte une disposition contraire à la Constitution, sa ratification ne peut intervenir qu'après la révision de la Constitution* ».

Cette disposition, qui se retrouve également (presque dans les mêmes termes) dans certaines Constitutions comme celle de la France de 1958 (article 54) donne lieu, à l'occasion d'un contrôle de constitutionnalité, d'un engagement international par la Cour constitutionnelle, à deux principales éventualités : soit que l'engagement international en cause est déclaré conforme à la Constitution, soit que la Cour constitutionnelle relève dans la Convention internationale soumise à son appréciation, une incompatibilité avec la Constitution : dans ce cas on peut se trouver devant trois possibilités :

1.- Réviser la Constitution : c'est la solution qui semble la plus simple.

2.- Renégocier les clauses du traité considérées comme étant contraires à la Constitution du pays. C'est une hypothèse peu réaliste, comme le fait observer le professeur Favoreu à propos du

---

chambre, à l'issue d'un vote à bulletin secret et à la majorité des deux tiers des membres composant chaque Chambre ». Effectivement, des élections ont eu lieu en juillet 2016 dans les deux Chambres du Parlement sur la base uniquement des 6 candidats proposés par les chefs des partis politiques correspondants. En principe, le Parlement devait lancer un appel à candidature auprès des Facultés de Droit, de l'Association des Barreaux du Maroc et de l'Amicale des Magistrats pour susciter une vraie concurrence entre les candidats potentiels. Les procès-verbaux de cette élection ont même fait l'objet d'une publication au Bulletin officiel du Royaume (*Cf.* B.O du 1er août et 8 août 2016). On peut observer dans ces élections l'absence de l'élément féminin, bien qu'aujourd'hui le principe de la parité soit consacré par l'article 19 de la nouvelle Constitution (*Cf.* pour plus de détails sur la situation des membres de la Cour constitutionnelle, H. Ouazzani Chahdi, *Le statut du juge constitutionnel au Maroc à la lumière de la nouvelle Constitution et de la jurisprudence récente du Conseil constitutionnel,* in *Études en l'honneur du professeur Rafaa Ben Achour : Mouvances du Droit,* Tome I, Tunis, Fondation Konrad Adenauer, 2015, pp. 507 et s.).

système français, car très difficile à entreprendre notamment lorsqu'il s'agit des traités multilatéraux[174].

3.- La troisième possibilité serait la non ratification pure et simple de l'engagement international litigieux.

Il se peut aussi que la Cour constitutionnelle déclare que la Convention internationale soumise à son appréciation est, dans son ensemble, contraire, à la Constitution. Dans ce cas, la Convention ne sera ni approuvée, ni ratifiée d'autant plus que, selon l'article 134 de la Constitution, les décisions de la Cour constitutionnelle sont obligatoires à l'égard de tous les pouvoirs. Ces décisions s'imposent à toutes les autorités administratives et judiciaires, et ne sont susceptibles d'aucun recours.

---

[174] *Cf.* L. Favoreu et autres, *Droit constitutionnel, op. cit.*, p. 186.

CONCLUSION GÉNÉRALE

Les traités internationaux constituent de nos jours un moyen indéniable pour le développement de la coopération internationale tant sur le plan bilatéral que multilatéral.

Le Maroc, grâce à une position géostratégique privilégiée et à sa politique d'ouverture, a pu, à travers les innombrables traités auxquels il fait partie, nouer énormément de contacts avec un bon nombre de pays et établir des relations fructueuses avec des organisations internationales et régionales. Il dispose, comme on peut le constater à la lumière de la présente étude, de pratiques originales et ancestrales en matière diplomatique et de conclusion des traités qui puisent leurs sources profondes dans l'histoire des relations internationales de l'État marocain.

Les traités internationaux, comme nous avons pu le relever dans le cadre des relations conventionnelles du Maroc avec certains pays notamment, les États-Unis d'Amérique, par le biais de l'accord du 18 juillet 1778, ont constitué un élément de renforcement de la continuité de l'État marocain et de ses engagements à travers l'histoire.

Aujourd'hui, le Droit conventionnel international pratiqué par le Maroc s'inscrit dans un processus de partenariat stratégique avec un certain nombre de pays au titre desquels figurent les États du continent et ceci sous l'impulsion du Roi Mohammed VI qui, déjà, dans une lettre du 30 août 2013 adressée à la conférence des ambassadeurs, avait exhorté la diplomatie marocaine à accompagner cette orientation par le développement des relations du Maroc avec les pays subsahariens : « *Par ailleurs,* disait-il, *fidèle à notre appartenance africaine et ayant en vue les liens spirituels et les intérêts stratégiques de notre pays, nous nous sommes attachés à consolider nos liens avec les pays subsahariens en les plaçant au cœur de l'agenda diplomatique marocain. Nous avons concrétisé cette orientation à travers les visites que nous avons effectuées, à partir de 2000, dans plusieurs pays africains frères. Nous veillons, à ce titre, à consacrer les valeurs de solidarité et de fraternité et à faire en sorte que notre continent compte sur les ressources propres considérables qu'il recèle* »[175].

C'est pour consolider davantage cette politique de coopération et de partenariat au niveau du continent que le Souverain a effectué au cours de l'année 2016 des déplacements dans plusieurs pays africains, non seulement dans les États francophones, mais aussi dans les pays anglophones comme la Tanzanie et le Nigeria. Ces déplacements ont été marqués par la conclusion de plusieurs accords de partenariat et aussi par l'implication forte des grands opérateurs économiques marocains dans des projets structurants et à forts impacts socio-économiques[176].

Parallèlement à ces tournées royales en Afrique, le Maroc a demandé officiellement son adhésion à l'Union africaine par un message adressé au 27ème sommet de cette organisation, qui s'est tenu entre les 17 et 18 juillet 2016 à Kigali, la capitale du Rwanda[177].

Par la loi n°01-17, comme on a pu le constater plus haut, le Parlement marocain a approuvé l'Acte constitutif de l'Union africaine. Les instruments d'adhésion du Maroc à cette Convention ont été déposés le 31 janvier 2017. L'adhésion du Maroc a été acceptée par une grande majorité de pays africains (39 sur 54), qui se sont exprimés en faveur de l'intégration du Royaume à l'Union africaine[178].

Toujours sur le plan africain, le Maroc a organisé, à l'occasion de la 22ème conférence des parties à la Convention-cadre des

---

[175] Cette lettre émanant du Cabinet du ministre peut être consulté directement au ministère des Affaires étrangères et de la Coopération, à Rabat.

[176] *Cf.* pour plus de détails, *Le Matin du Sahara,* Casablanca, 31 décembre 2016, numéro spécial « *Rétrospective 2016* », p. 3.

[177] *Cf. Le Matin du Sahara,* Casablanca, 31 décembre 2016 1er janvier 2017 : « *Le Maroc décide de réintégrer l'Union africaine après 32 ans d'absence* », p. 3.

[178] *Cf. Le Matin du Sahara,* Casablanca, 31 janvier 2017. Cf. aussi Annexe n°5.

Nations Unies sur le changement climatique (COP 22), qui a eu lieu à Marrakech entre le 7 et le 18 novembre 2016, un « *sommet africain de l'action* » le 16 novembre 2016.

Cette rencontre a donné lieu à une déclaration engageant les pays africains à harmoniser leurs stratégies pour faire face aux défis posés par le changement climatique.

En dehors de l'Afrique et grâce à la politique de diversification des alliances dictée par la diplomatie royale, le Souverain a effectué également des visites en Asie, notamment en Russie, en Chine et en Inde. Comme dans le continent africain, ces visites ont donné lieu à la signature de plusieurs accords de coopération et de partenariat.

La diplomatie de diversification des alliances a touché de même les pays du Golfe dans le cadre d'un partenariat avec le Conseil de Coopération du Golfe (CCG).

Ave l'Europe, le Maroc est, d'abord lié par plusieurs accords bilatéraux avec la plupart des pays européens. En plus de ces accords, le Maroc, qui occupe une place stratégique dans le cadre du partenariat euro-méditerranéen, avait conclu un accord d'association avec l'Union européenne en février 1996, qui est entré en vigueur en 2000.

Il faut ajouter aussi que le Maroc bénéficie d'un « *statut avancé* » avec l'Union européenne depuis le sommet européen de Luxembourg du 13 octobre 2008[179].

Il est vrai que les relations du Maroc avec l'Union européenne ont traversé durant l'année 2016 des « *remous* » qui remontent à l'annulation par le Tribunal européen de Luxembourg (huitième Chambre, dans un arrêt du 10 décembre 2015) de la décision 2012/497/UE du Conseil de l'Union européenne du 8 mars 2012 concernant la conclusion de l'accord sous forme

---

[179] Il convient de préciser que le statut avancé accordé au Maroc par l'Union européenne ne constitue pas un nouvel accord d'association qui se substitue à celui qui existe actuellement entre les deux partenaires. Le statut avancé est un document conjoint, une feuille de route, dont l'objectif est de renforcer les relations bilatérales, canaliser les moyens, les Commissions de travail et les instruments déjà en place pour créer une meilleure convergence entre les deux parties.(*Cf.* Pour plus de détails, H. Ouazzani Chahdi, *Le statut avancé Maroc-Union européenne : un instrument nouveau de partenariat, REMALD* n°101, novembre-décembre 2011, pp. 21 et s.

d'échange de lettres entre l'Union européenne et le Royaume du Maroc relatif aux mesures de libéralisation réciproque en matière de produits agricoles, de poissons et de produits de la pèche, au remplacement des Protocoles 1, 2 et 3 et de leurs Annexes et aux modifications de l'accord d'association avec le Maroc.

Par cet arrêt, le Tribunal de Luxembourg avait donné raison à la thèse du Front Polisario selon laquelle le Conseil de l'Union européenne n'avait pas à approuver la conclusion d'un accord qui s'applique aussi au Sahara marocain, dont il estime être le représentant « *légitime* » des intérêts des habitants vivant dans cette région du Maroc.

Heureusement que, par un arrêt du 21 décembre 2016, la Cour de Justice (Grande Chambre) de Luxembourg a redressé en quelque sorte le tir, et ce, à la suite de l'appel de l'arrêt précité du Tribunal européen (Huitième Chambre) interjeté par le Conseil de l'Union européenne et soutenu par la Commission européenne, le Royaume de Belgique, la République fédérale d'Allemagne, le Royaume d'Espagne, la République française, la République portugaise et la Confédération marocaine de l'Agriculture et du Développement rural (COMADER).

La Cour a annulé l'arrêt du Tribunal de l'Union européenne tout en rejetant le recours du Front Polisario comme irrecevable : « *Dès lors, sans qu'il soit besoin d'examiner le surplus de l'argumentation par laquelle le Conseil et la Commission contestent la recevabilité du recours, il doit être considéré que le Front Polisario ne peut en tout état de cause pas être regardé, compte tenu des arguments qu'il invoque, comme ayant qualité pour agir en annulation de la décision attaquée* ».

L'accord de libéralisation réciproque entre le Maroc et l'Union européenne reste, par conséquent, en vigueur et continue de lier les deux parties. D'ailleurs, le présent arrêt va dans le sens des recommandations émises par l'avocat général de la Cour de Justice de l'Union européenne le 13 septembre 2016 lorsqu'il a annoncé que le recours en annulation du Front Polisario était irrecevable du fait que ce dernier n'a aucune qualité ou légitimité pour représenter les intérêts économiques de la population du Sahara marocain. Dans un communiqué qui fait suite à cet arrêt, le conseil de l'Union européenne a affirmé que « *le Maroc est un partenaire clé dans notre voisinage sud, avec lequel nous avons développé une relation qui s'inscrit dans la durée* ».

En réaction à cet arrêt et dans une déclaration commune, le Maroc et l'Union européenne précisent qu'ils vont « *examiner toutes les implications possibles du jugement de la Cour et travailler de concert sur toute question ayant trait à son application, dans l'esprit du partenariat privilégié Union européenne-Maroc et des mécanismes prévus à cet égard. Par ailleurs, le Maroc et l'Union européenne confirment la vitalité de ce partenariat privilégié et entendent travailler activement à son développement dans tous les domaines d'intérêt mutuels* »[180].

La conclusion par le Maroc de différents accords obéit à des modalités et à des procédures spécifiques, dont les origines peuvent remonter loin dans l'Histoire multiséculaire de cet État. En même temps, certaines de ces pratiques diplomatiques originales tendent à se moderniser et à s'adapter aux exigences internationales. Il n'aurait pu en être autrement, dans la mesure où l'originalité de la pratique diplomatique du Maroc est le fruit d'un passé glorieux qui est savamment assumé par ce pays toujours soucieux de se tourner vers l'avenir, tout en restant fidèle à son Histoire.

---

[180] *Cf. La vie économique,* Casablanca, 23 décembre 2016.

BIBLIOGRAPHIE

I.- OUVRAGES ET COURS

Basdevant (J.), *Dictionnaire de terminologie de droit international,* Paris, Sirey, 1960.

Bardonnet (D.), *La succession d'États à Madagascar,* Paris, LGDJ, 1970.

Caillé (J.), *La représentation diplomatique de la France au Maroc*, Paris, E. Pedone, 1951.

Combacau (J.) et **Sur (S)**, *Droit international public,* Paris, LGDJ, 11ème édition, 2014.

De Card (E.R.), Les relations de l'Espagne et du Maroc pendant le XVIIIème et le XIXème siècle, Paris, A. Pedone, 1905.

De Card (E.R.), *Les traités entre la France et le Maroc*, Paris, A. Pedone, 1898.

De Cossé Brissac (Ph.), *Les sources inédites de l'histoire du Maroc*, 2ème série, T.V, Paris, Geuthner, 1953.

De Mas Latrie (M.L.), *Traités de paix et de commerce et documents divers concernant les relations des chrétiens avec les arabes de l'Afrique septentrionale au Moyen-âge*, Paris, Plon, 1866.

Dupuy (P.M.), Grands textes de droit international public, Paris, Dalloz, 1996.

Enan (M.A.), *The age of the Almoravides and Almohades* in *Maghreb and Moslem Spain*, Lajnatul-Taalif Press, Le Caire, 1964 (en langue arabe).

Elmoutawakil (A), *La pratique marocaine en matière de réserves aux traités,* Mémoire pour le DÉS de Sciences politiques, Faculté des Sciences juridiques, économiques et sociales de Casablanca, juin 1981.

Famchon (Y.), *Le Maroc d'Algésiras à la souveraineté économique*, Paris, Éditions des Relations internationales, 1957.

Favoreu (L), *Droit constitutionnel,* 18ème édition, Paris, Dalloz, 2016.

Félix (L.), *Le statut international du Maroc d'après les traités*, Paris, A. Pedone, 1928.

Flory (M.), *La notion de protectorat et son évolution en Afrique du Nord,* Paris, LGDJ, 1955.

Ghazi (A), *Le contrôle du Parlement sur la politique extérieure. Cas du Maroc,* Mémoire de DÉSA en Études internationales, Faculté des Sciences juridiques, économiques et sociales de Casablanca, 2001-2002.

Guggenheim (P.), *Traité de droit international public,* Tome I, Genève, Librairie de l'Université, Georg et Cie, S.A., 1967.

Hassan II, *Le Défi*, Paris, Albin Michel, 1976.

Imbert (H.), *Les réserves aux traités multilatéraux,* Paris, A. Pedone, 1979.

Kaddouri (A.), *Ambassadeurs marocains en Europe*, (1610-1922)
سفراء مغاربة في أوربا 1610 -1922- 35 منشورات كلية الآداب بالرباط – 1995

Kiss (A.), *L'application et l'interprétation des traités en France,* Paris, Institut des Hautes Études internationales (IHÉI), 1967-1968.

Ladjili-Mouchette (J.), *Histoire juridique de la Méditerranée. Droit Romain – Droit musulman,* Paris, Publisud, 2007.

Landau (R.), *Moroccan drama, 1900-1955,* First published, 1956, R. Hale Limited London, Londres, 1956.

Lardy (B.), *La force obligatoire du droit international en droit interne,* Paris, LGDJ, 1966.

Lazrak (R.), *Le contentieux territorial entre le Maroc et l'Espagne,* Casablanca, Dar El Kitab, 1974.

Mirkine Guetzevich (B.), *La technique parlementaire des relations internationales,* RCADI, 1963, Tome II, Volume 56, p. 263.

Ouazzani Chahdi (H.), *La pratique marocaine du droit des traités*, Paris, LGDJ, 1982.

Rivière (L.), *Traités, codes et lois du Maroc*, Tome I, Paris, Sirey, 1924.
Rousseau (Ch.), *Droit international public*, Tome II. *Introduction et sources*, Paris, Sirey, 1970.
Salmon (J), *Manuel de droit diplomatique,* Bruxelles, Bruylant, 1996.
Sciotti-Lam (C.), *L'application des traités internationaux relatifs aux droits de l'homme en droit interne,* Bruxelles, Bruylant, 2004.
Thierry (H.) et autres, *Droit international public*, Paris, Éditions Montchrestien, 1975.
Udodang (O.), *Succession of new states to international treaties*, Dobbs Ferry (N.Y.) Ocean publications, New York, 1972.

II.- ARTICLES

Ajroud (B.), *Les traités dans la Constitution du 27 janvier 2014*, in *Mouvances du Droit. Études en l'honneur du professeur Rafaa Ben Achour,* Tome I, Tunis, Fondation Konrad Adenauer, 2015, pp. 105 et s.
Belaïd (S.), *Droit international et droit constitutionnel. Les développements récents,* in *Droit international et droits internes, développements récents,* Paris, A. Pedone, 1998, p. 47.
Bennouna (M), *L'affaire du « Sahara occidental » devant la Cour internationale de Justice. Essai d'analyse « structurale »* de l'avis consultatif du 16 octobre 1975, Revue juridique, politique et économique du Maroc n°1, décembre 1976, pp. 81 et s.
Caillé (J.), *Ambassades et missions marocaines aux Pays-Bas à l'époque des sultans Saâdiens*, Revue Hespéris, 1963, p. 5.
Caillé (J.), *Une ambassade marocaine à Vienne en 1783*, Revue Hespéris, 1962, p. 35.
Daillier (P.), *Monisme et dualisme, un débat dépassé ?* in *Droit international et droits internes. Développements récents*, Paris, A. Pedone, 1998, p. 9.
De Castries (H.), *Les signes de validation des Chérifs Saadiens*, Revue Hespéris, 1921, pp. 231 et s.
De Castries (H.), *Le Danemark et le Maroc*, (1750-1767), Revu Hespéris, 1926, pp. 327-349.

De Laubadère (A.), *Le statut international du Maroc depuis 1955, Annuaire Français de Droit International* (*AFDI*), 1956, Volume 2, n°1.
De Faraminan Gilbert (J.M.) et **Gutiérrez Castillo (V.L.),** *La conférencia de Algeciras y las relaciones internacionales,* Fundacion Tres culturas del Mediterraneo, imprime Artes Graficas Gandolfo, 2006.
Dhommeaux (J.), *Monisme et dualisme en droit international des droits de l'homme,* AFDI, Volume 41, 1995, pp. 447 à 468.
Dieng (A.), *Les conventions internationales et l'ordre juridique interne,* Publications du Centre de Documentation, d'Information et de Formation en Droits de l'Homme, Rabat, 2002, pp. 11 et s.
Flory (M.), *Les bases américaines au Maroc, AFDI,* 1955, p. 27 et s.
Kamil Yasseen (M.), *La Convention de Vienne sur la succession d'États en matière de traités, AFDI,* 1978, Volume 24, n°1.
Kaufman (E.), *Traité international et loi interne,* in *Mélanges en l'honneur de G. Gidel,* Paris, Sirey, 1961.
Mabaka (M.P.), *L'incorporation de la Convention européenne des Droits de l'Homme dans l'ordre juridique britannique, Revue trimestrielle des Droits de l'Homme,* 2000, pp. 11 et s.
Maalmi (A), *La politique extérieure de Mohammed VI dix ans après,* in *Droit et mutations sociales et politiques au Maroc et au Maghreb, Mélanges offerts en l'honneur du professeur Hassan Ouazzani Chahdi,* Paris, Publisud, 2012, pp. 781 à 830.
Marek (K.), *Les rapports entre le droit international et le droit interne à la lumière de la jurisprudence de la cour permanente de justice internationale (CPJI), RGDIP,* avril-juin, 1962, n°2, Paris, A. Pedone, 1962.
Nisot (J.), Les réserves aux traités et la Convention de Vienne du 23 mai 1969, RGDIP, janvier-mars 1973, n°1.
Ouazzani Chahdi (H.), *Le statut avancé Maroc-Union européenne : un instrument nouveau de partenariat, REMALD,* N°101, nov.-déc. 2011, pp.21 et s.
Ouazzani Chahdi (H.), *Les relations maroco-américaines au XIXème siècle,* in *Le Maroc de l'avènement de Moulay Abdelaziz à 1912,* Université d'été de Mohammedia, du 21 au 31 juillet 1987, Volume 3, Imprimerie de Fedala, 1989.

Ouazzani Chahdi (H.), *L'article 31 de la Constitution de 1972 et le droit des traités*, Revue marocaine de Droit et d'Économie de Développement n°1, 1982, pp. 87 et s.

Ouazzani Chahdi (H.), *Le système du protectorat appliqué au Maroc et le droit international*, in *État et société au Maroc. Les défis du monde moderne,* Centre Mohamed Hassan Ouazzani pour la Démocratie et le Développement humain, Casablanca, 2015, pp. 19 et s.

Ouazzani Chahdi (H.), *Les conventions internationales et le droit interne. Cas des droits de l'homme, Revue marocaine de Droit et d'Économie de Développement* (Faculté des Sciences juridiques, économiques et sociales de Casablanca), 2003, pp. 9 et s. (en arabe).

Ouazzani Chahdi (H.), *Le statut du juge constitutionnel au Maroc à la lumière de la nouvelle Constitution et de la jurisprudence récente du conseil constitutionnel,* in *Mouvances du droit. Études en l'honneur du professeur Rafaa Ben Achour,* Tome 1, Tunis, Fondation Konrad Adenauer, 2015, pp. 507 et s.

Rivière (L.), *Le droit conventionnel, source de la législation interne du Maroc,* in *Recueil de la législation et de jurisprudence marocaine* 1923-24, 3ème partie.

Rousseau (Ch.), *La Constitution de 1958 et les traités internationaux* in *Hommages d'une génération de juristes au Président Basdevant,* Paris, A. Pedone, 1960.

Sudre (F.), *La notion de traité international engageant les finances de l'État dans la Constitution de la Vème République, RGDP,* 1976, p. 163.

Triepel (H.), *Les rapports entre le droit interne et le droit international, RCADI,* 1923, Volume I.

Van Bogaert (E.), *Les antinomies entre le droit international et le droit interne*, RGDIP, avril-juin, 1968 n°2, Paris, A. Pedone, 1968.

Zartman (William), *The Morrocan-American négociations, The Middle East Journal,* Volume 18, n°1, 1964.

Zaine (Khadija), *Le Human Rights Act : Une mise en œuvre effective de la CESDH ? La mise en œuvre et l'invocabilité de la CESDH en droits anglais et français,*
http://blogs.u-paris 10.fr/content/le-human-rights-act

III.- DOCUMENTS DE TRAVAIL

Alouataiq, Direction des archives royales, imprimerie royale, Recueil 1, Rabat.
Annuaire de la Commission de Droit international, 1966.
Archives du Quai d'Orsay, Maroc, Politique étrangère, Dossier général, Janvier 1895, Mai 1901, Volume 1.
Archives marocaines, Paris, Librairie orientaliste Paul Gunther, 1925
Bulletin officiel du Royaume du Maroc
C.P.J.I, *Décrets de nationalités promulgués à Tunis et au Maroc. Arrêts, ordonnances et avis consultatifs. Avis consultatif du 7 février 1923,* série B, n°4.
C.P.J.I, *Régime douanier entre l'Allemagne et l'Autriche (protocole du 19 mars 1931). Avis consultatif du 5 septembre 1931, Arrêts, ordonnances et avis consultatifs,* Fascicule n° 41,séries A/B.
C.I.J. *Sahara occidental Avis consultatif du 16 octobre 1975, Recueil des arrêts, avis consultatifs et ordonnances*, 1975.
C.I.J, *Affaire relative aux droits des ressortissants des États-Unis au Maroc, Arrêt du 27 août 1952,* Recueil des arrêts, avis consultatifs et ordonnances, 1952.
C.I.J, *Affaire Ambatielos, Arrêt du 1er juillet 1952, Recueil des arrêts, avis consultatifs et ordonnances,* 1952.
Dictionnaire de la terminologie du droit international, Paris, Sirey, 1960.
Documentation française n°3622.
Guide sur l'élaboration des rapports nationaux et les dialogues avec les organes des traités des droits de l'homme, Délégation interministérielle des Droits de l'Homme, « *Série des Guides* », Rabat, septembre 2016.
Rapport de la CDI, soixante-troisième session, Nations Unies, New York 2012, n° A/66/10/Add.1.

IV.- LES CONSTITUTIONS NATIONALES

Algérie, 1996
Belgique, 1993
Bénin, 1990
Costa Rica, 1949 et révisions

Djibouti, 1992
Côte-d'Ivoire, 2000
Égypte, 2014
États-Unis d'Amérique, 1787 et amendements
Finlande, 1999
Gabon, 1991 telle que modifiée jusqu'à 2011
Indonésie, 1945 avec ses amendements en 1999, 2000, 2001 et 2002
Jordanie, 2011
Mali, 1992
Maroc, 2011
Mauritanie, 1991
Mexique, 1917, avec mise à jour et amendement publié au Journal officiel du 20 juin 2005
Pays-Bas, 2008
Roumanie, 1991
Russie, 1993
Sénégal, 2001
République Tchèque, 1992
Tunisie, 2014
A. Bouachik, **M. Degoffe** et **Ch. Saint-Prost,** *La Constitution marocaine de 2011, Lectures croisées, REMALD, « Thèmes actuels »* n°77, 2012.
La Constitution marocaine de 2011. Analyses et commentaires, Paris, LGDJ, 2012.
O. Bendourou, **Rkia El Moussadec** et **M. Madani**, *La nouvelle Constitution marocaine à l'épreuve de la pratique,* Fondation Friedrich Elbert, Casablanca, 2014.
Rafaa Ben Achour et autres : *Les nouvelles Constitutions arabes : Tunisie, Maroc, Égypte,* Unité de recherche en Droit international, Juridictions internationales et Droit constitutionnel comparé, Université de Carthage, Fondation Konrad Adenauer, Tunis, 2015.

V.- JOURNAUX

- *La Marche verte* (22 février 1976, n° 11)
- La Vie économique du 23 décembre 2016
- Le Matin du Sahara, 22 décembre 2016, 26 décembre 2016 et 30-31 décembre 2016.

- Tel Quel Maroc, 22 décembre 2016

Les Conventions du Droit international humanitaire auxquelles le Maroc fait partie, publications de la Délégation interministérielle des Droits de l'Homme, Rabat, 2015 (en langue arabe).

Les principales Conventions des Droits de l'Homme auxquelles le Maroc fait partie, publications de la Délégation interministérielle des Droits de l'Homme, Rabat, 2015 (en langue arabe).

VI.- MÉLANGES

Critique (s) du Droit, Hommage au professeur ***Robert Charvin****,* Paris, Publisud, 2011.

Droit et mutations sociales et politiques au Maroc et au Maghreb, Mélanges offerts en l'honneur du professeur ***Hassan Ouazzani Chahdi*****,** Paris, Publisud, 2012.

Mouvances du droit, Études en l'honneur du professeur ***Rafaa Ben Achour****,* Tunis, Fondation Konrad Adenauer, 2015.

Droits et culture, Mélanges en l'honneur du Doyen ***Yadh Ben Achour****,* Tunis, Centre de Publications universitaires, 2008.

Mélanges en hommage au professeur **Mohammed Jalal Essaïd**, Publications de la Faculté des Sciences juridiques, économiques et sociales, Rabat-Agdal, 2007.

Variations sur le système international, Mélanges offerts en l'honneur du professeur ***Mohamed Lamouri****,* Imprimerie Najah El Jadida, Casablanca, 2010.

VII.- OUVRAGES COLLECTIFS

Le Maroc et les Droits de l'Homme, Paris, l'Harmattan, 1994.

Le Sultan Moulay Ismaïl, Publications de la Présidence de l'Université de Moulay Ismaïl, Meknès, 1995.

La protection des droits de l'homme entre la législation interne et le droit international, publications de la *REMALD,* « *Thèmes actuels* » n°26, 2001.

Le devenir du droit international, *REMALD,* « *Thèmes actuels* » n°48, 2004

ANNEXES

Annexe 1

Exemple des lettres de ratification du Royaume du Maroc
(*Source : Direction des affaires juridiques et des traités, Ministère des affaires étrangères et de la coopération, Rabat*)

وثائق مصادقة المملكة المغربية

رقم: 4.14.17

على المعاهدة المنقحة لإنشاء تجمع دول الساحل والصحراء
(س.ص)، الموقعة بأنجمينا في 16 فبراير 2013.

الحمد لله وحده		والصلاة والسلام على رسول الله

رقم: 4.14.17

يعلم من كتابنا هذا أسماه الله وأعز أمره أننا:

بعد الإطلاع على المعاهدة المنقحة لإنشاء تجمع دول الساحل والصحراء (س. ص) الموقعة بأنجمينا في 16 فبراير 2013،

وعلى القانون رقم 64.13 الموافق بموجبه على المعاهدة المذكورة والصادر بتنفيذه الظهير الشريف رقم 1.14.90 بتاريخ 12 من رجب 1435 (12 ماي 2014)،

نعلن أننا نقبل المعاهدة المومإ إليها المرفق نصها بهذا الكتاب ونصادق عليها ونعد بالعمل على تنفيذها.

وحرر بتطوان في 4 محرم 1437
(18 أكتوبر 2015)

وقعه بالعطف
رئيس الحكومة

عبد الإله ابن كيران.

<u>Annexe 2</u>

Exemple des lettres d'adhésion du Royaume du Maroc

(*Source : Direction des affaires juridiques et des traités, Ministère des affaires étrangères et de la coopération, Rabat*)

وثائق انضمام المملكة المغربية

رقم : 4.14.14 إلى اتفاقية الجرائم المعلوماتية الموقعة
ببودابست في 23 نوفمبر 2001 وإلى البروتوكول
الإضافي لهذه الاتفاقية الموقع بستراسبورغ
في 28 يناير 2003.

الحمد لله وحده والصلاة والسلام على رسول الله

رقم: 4.14.14

يعلم من كتابنا هذا أسماه الله وأعز أمره أننا:

بعد الاطلاع على اتفاقية الجرائم المعلوماتية الموقعة ببودابست في 23 نوفمبر 2001 وعلى البروتوكول الإضافي لهذه الاتفاقية، الموقع بستراسبورغ في 28 يناير 2003،

وعلى القانون رقم 136.12 الموافق بموجبه على الاتفاقية والبروتوكول الإضافي المذكورين والصادر بتنفيذه الظهير الشريف رقم 1.14.85 بتاريخ 12 من رجب 1435 (12 ماي 2014)،

نعلن عن انضمام المملكة المغربية إلى الاتفاقية والبروتوكول الإضافي المومأ إليهما المرفق نصاهما بهذا الكتاب ونعد بالعمل على تنفيذهما.

وحرر بتطوان في 4 محرم 1437
(18 أكتوبر 2015)

وقعه بالعطف
رئيس الحكومة

عبد الإله ابن كيران.

Annexe 3 :

Exemple de notification d'acceptation d'un amendement à une convention internationale par le ministre des Affaires étrangères (*Source : Direction des affaires juridiques et des traités, Ministère des affaires étrangères et de la coopération, Rabat*)

Royaume du Maroc
Ministère des Affaires Etrangères
et de la Coopération

المملكة المغربية
وزارة الشؤون الخارجية
والتعاون

Direction des Affaires Juridiques
et des Traités

مديرية الشؤون القانونية
والمعاهدات

NOTIFICATION

Par la présente, le Royaume du Maroc a l'honneur de communiquer au Secrétaire Général de l'Organisation des Nations Unies, son acceptation de l'Amendement à l'article 8 de la Convention internationale sur l'élimination de toutes les formes de discrimination raciale qui a été approuvé par les Etats Parties à la Convention lors de la 14ème Réunion des Etats Parties tenue à New York le 15 janvier 1992 et approuvé par l'Assemblée Générale à sa 47ème Session par la résolution 47/111 du 16 décembre 1992.

Le Ministre des Affaires Etrangères
et de la Coopération

Dr. SAAD DINE EL OTMANI

Annexe 4
Usage de la rédaction des traités en langue arabe avant 1912

Exemple de l'Accord entre le Maroc et les États-Unis en matière de navigation et de commerce du 10 juillet 1787 (toujours en vigueur)
(*Le présent traité et la note de présentation qui l'accompagne ont fait l'objet d'une publication par le quotidien* **Le Matin** *en date du 14 janvier 1993 à l'occasion du 50ème anniversaire de la Conférence d'Anfa).*

Le traité de paix et d'amitié de 1787 est le plus ancien traité d'amitié, jamais interrompu de l'histoire des États-Unis.

Le 18 juillet 1787, le Congrès américain ratifia le Traité de Paix et d'Amitié qui avait été négocié l'année précédente à Marrakech, par le Sultan Sidi Mohammed Ben Abdallah et M. Thomas Barclay, un envoyé du Congrès américain. En janvier, les ministres plénipotentiaires américains, Thomas Jefferson à Paris, et John Adams à Londres, signèrent le Traité au nom des États-Unis et l'adressèrent au Congrès pour ratification.

(Adams et Jefferson devaient devenir respectivement le deuxième et troisième Présidents des États-Unis).

Ce Traité prévoyait la protection des navires américains le long des côtes marocaines, et établissait un engagement mutuel consistant à procéder aux échanges commerciaux sur les bases de nation la plus favorisée. Le Traité liait les deux parties pour une durée de cinquante ans, période après laquelle il fut indéfiniment renouvelé.

Cependant, l'histoire des relations entre le Maroc et les États-Unis remontent à plus longtemps encore. En 1777, sous le règne du Sultan Mohammed Ben Abdallah, le Maroc devint le premier pays à reconnaître les États-Unis d'Amérique, nouvellement indépendants, en signant les lettres accordant la libre entrée dans les ports marocains des navires « *des Américains* », en même temps que ceux de neuf autres nations.

En 1789, après que le Traité eut été signé et après que le Premier Président des États-Unis, George Washington, eut été installé dans ses fonctions aux termes de la Constitution nouvellement approuvée, le Président adressa une lettre de remerciement au Sultan Sidi Mohammed Ben Abdallah (à laquelle il joignit une copie de la Constitution) et disait notamment :

« *Je vous présente les sincères remerciements des États-Unis pour une aussi grande marque d'amitié à leur égard... Notre territoire ne possède pas des mines d'or, ni d'argent, et cette jeune nation qui se remet à peine des pertes et de la désolation d'une longue guerre, n'a pas eu encore le temps de s'enrichir par son agriculture et son commerce. Mais notre sol est généreux et notre peuple laborieux, et nous nous flattons à juste titre de pouvoir progressivement devenir utiles à nos amis* ».

En 1821, le bâtiment de la Légation Américaine à Tanger fut offert au gouvernement des États-Unis par le Royaume du Maroc. Après avoir servi durant de nombreuses années comme siège de la mission diplomatique américaine au Maroc, cet édifice fut inclus le 8 janvier 1981 dans le Registre National des Lieux Historiques des États-Unis. Aujourd'hui, le Musée de la Légation Américaine de Tanger, qui occupe ce même bâtiment, retrace l'histoire d'une amitié de deux cents ans entre deux pays et deux peuples.

Alors que le délai de cinquante ans du Traité de Paix et d'Amitié arrivait à expiration, le Président Andrew Jackson adressa des envoyés au Maroc, en 1835, pour en re-négocier les clauses. Le Traité de Meknès, renouvelant le premier Traité de Paix et d'Amitié, fut signé dans cette ville le 16 septembre, par le Sultan Moulay Abderrahmane et des représentants du gouvernement des États-Unis. Ce traité accorda un caractère indéfini au premier document, annulant ainsi toute disposition imposant une nouvelle négociation.

En 1865, le Traité du Phare du Cap Spartel fut signé par les États-Unis et neuf autres pays avec la participation du Maroc, garantissant la neutralité de cette installation de navires traversant le Détroit de Gibraltar.

La Conférence d'Anfa, en 1943, fut l'événement suivant important des relations maroco-américaines. En janvier, aux heures les plus sombres de la Deuxième Guerre mondiale, les dirigeants des pays alliés se réunirent à Anfa, quartier résidentiel de Casablanca. C'est au cours de cette conférence historique que fut fixé l'objectif commun d'aboutir à la reddition sans condition de l'ennemi.

Il est à retenir que lors de cette conférence, le Président Roosevelt donna un dîner en l'honneur de S.M. Mohammed V, auquel assista S.M. Hassan II, alors Prince Héritier. La reconnaissance du Souverain, en tant qu'hôte de la conférence et dirigeant d'importance, par l'un des grands dirigeants du monde, donna de l'espoir au Maroc, partenaire d'un long traité avec les États-Unis, à la veille d'obtenir son indépendance.

S.M. Mohammed V et le Président Roosevelt discutèrent de l'avenir du Maroc, orientant particulièrement leurs entretiens vers les échanges commerciaux maroco-américains et la coopération, spécialement dans les domaines de la formation technique et de l'éducation, dans le cadre du développement du Maroc en tant que nation indépendante.

En 1956, année où le Maroc recouvra son indépendance, le Président Dwight David Eisenhower adressa le 21 juillet une lettre à S.M. Mohammed V, annonçant la nomination de M. W. Cavendish Cannon, en tant qu'ambassadeur des États-Unis au Maroc, au lendemain-même de la Libération.

Depuis 1956, les États-Unis et le Royaume du Maroc ont rétabli et étendu leur coopération dans de nombreux domaines. Des commissions mixtes ont été créées dans les domaines économique, militaire et éducatif, pour faciliter une coopération accrue sur les bases d'un consentement mutuel. Les deux gouvernements entretiennent aujourd'hui des liens étroits, tandis que se multiplient des contacts culturels et commerciaux entre les peuples marocain et américain.

Voici la traduction du premier document officialisant le traité de paix signé entre le Maroc et les Etats-Unis en 1786.

Louange à Dieu. Ceci est l'enregistrement des conditions du traité de paix que nous avons établi avec les Américaines et que nous avons consigné dans ce livre où nous avons apposé Notre sceau afin que ses dispositions demeurent permanentes, s'il plait à Dieu.

Fait dans notre capitale, Marrakech, le 25ème jour du Chaaban le béni de l'an 1200 de l'Hégire (1786)

ARTICLE PREMIER. — Nous déclarons que les parties contractantes ont convenu que ce traité, en 25 articles, sera inséré dans ce livre et remis à James R. Leib, représentant des Etats-Unis, et actuelement leur consul—résident à Tanger, qui l'a approuvé et qui est dûment autorisé à traiter avec nous sur toutes les matières y contenues.

ART. 2. — Si l'une des parties contractantes est en guerre avec quelque autre nation, 'lautre partie ne pourra prendre parti pour l'ennemi ni combattre sous son pavillon.

ART. 3. — Si l'une des parties contractantes est en guerre avec un autre pays, et fait prise sur ce pays, les personnes trouvées à bord seront remises en liberté et les biens restitués à leurs propriétaires.

Si des marchandises appartenant à un pays avec lequel l'une des puissances contractantes est en guerre, sont chargées sur un navire appartenant à l'autre puissance, elle passeront librement et sans être inquiétées, sans pouvoir être prises ni retenues.

ART. 4. — Un signal, ... passe, sera remis à tout navire appartenant à l'une des puissances contractantes, pour se faire reconnaître en cas de rencontre en mer. Si le capitaine d'un vaisseau de guerre d'une de ces puissances escorte d'autres navires, sa déclaration suffira à exempter ces navires de la visite.

ART. 5. — Si l'une des puissances est en guerre et qu'un de ses vaisseaux rencontre en mer un vaisseau appartenant à l'autre puissance, il est convenu qu'en cas de visite, celle-ci sera faite par l'envoi d'une embarcation portant deux ou trois hommes seulement ; si un coup de canon venait à être tiré sans raison, et qu'il en résultait quelque dommage, l'agresseur devra réparation du préjudice.

ART. 6. — Au cas où un Maure amènerait des citoyens des Etats-Unis, ou des biens leurs appartenant, devant Sa Majesté (le Sultan), ceux-ci seraient immédiatement remis en liberté et les biens restitués. De même, au cas où un Maure, non sujet de notre Empire s'emparerait de citoyens d'Amérique ou de biens leur appartenant et les amènerait dans l'un des parts de Sa Majesté, ils serait immédiatement relâchés et considérés comme étant sous la protection de Sa Majesté.

الشرط السابع أنه متى
وقعت سفينة لأحد من أجناس
تقبض كماينة أو غيرها فإنها
تقبض ذلك من غير مشقة
ولا حرج

ART. 7. — Si un vaisseau d'une des puissances contractantes, relâche dans un port de l'autre puissance et qu'il ait besoin de vivres ou autres provisions, celles-ci seront fournies sans qu'il y soit mis obstacle et sans qu'il soit inquiété.

الشرط الثامن أنه متى
وقع بأحد من الأجناس شيئا ومالت
إلى المرسى [illegible]
[illegible]
ذلك [illegible]
[illegible]

ART. 8. — Si un vaisseau des Etats-Unis, ayant subi des avaries en mer, relâche dans un de nos ports pour y être réparé, il aura toute liberté de décharger et de recharger sa cargaison sans avoir à payer aucun droit.

الشرط التاسع أنه متى
خرجت سفينة في ناحية من نواحينا
فإنها تبقى على حالها حتى [illegible]
[illegible]
[illegible]
[illegible]
[illegible]
[illegible]
[illegible]

ART. 9. — Si un vaisseau des Etats-Unis est jeté sur quelque point de nos côtes, il demeurera à la disposition de ses propriétaires, et personne ne cherchera à s'en approcher sans leur agrément, le dit vaisseau étant considéré comme placé spécialement sous notre protection.

Si un vaisseau des Etats-Unis est contraint par le mauvais temps ou par toute autre cause, à relâcher dans un de nos ports il ne sera point tenu de débarquer son chargement, mais restera au calme jusqu'à ce que le capitaine juge opportun de poursuivre sa route.

الشرط العاشر أنه متى وقع
قتال بين أحد من الأجناس مع بعض أجناس
النصارى وكان القتال قريبا من بعض
[illegible]
[illegible]
[illegible]
[illegible]
[illegible]

ART. 10. — Si un vaisseau de l'une des puissances contractantes vient à être engagé avec un vaisseau d'une autre nation chrétienne, à portée de canon des forts de l'autre puissance, ce vaisseau vaisseau sera défendu et protégé dans la mesure du possible, jusqu'à ce qu'il soit en sûreté.

Si un vaisseau américain est jeté à la côte, sur les rivages de l'Oued Noun ou sur les rivages avoisinants, l'équipage de ce vaisseau sera mis à l'abri et assisté jusqu'à ce que, Dieu aidant, il puisse être renvoyé dans son pays.

الشرط الحادي عشر
أنه متى كانت [illegible]
من أجناس النصارى [illegible]
وأرادت سفينة الخروج [illegible]
وأرادت سفينة [illegible]
[illegible]
[illegible]
[illegible]
[illegible]
[illegible]
[illegible]

ART. 11. — Si nous sommes en guerre avec une puissance chrétienne et qu'un de nos vaisseaux mette à la voile l'un des Etats-Unis, aucun vaisseau ne pourra le poursuivre dans les vingt-quatre heures du départ.

La même règle sera observée vis-à-vis des vaisseaux américains mettant à la voile d'un de nos ports, que l'ennemi soit maure ou chrétien

الشرط الثاني عشر أنه متى
[illegible]
[illegible]
[illegible]
[illegible]
[illegible]
[illegible]

ART. 12. — Si un vaisseau de guerre des Etats-Unis relâche dans un de nos ports il ne sera visité sous quelque prétexte que ce soit, même s'il a des esclaves fugitifs à son bord, et le gouverneur ou le commandant de la place ne pourra, sous aucun prétexte exiger que ceux-ci soient débarqués, ni réclamer aucune indemnité de ce chef.

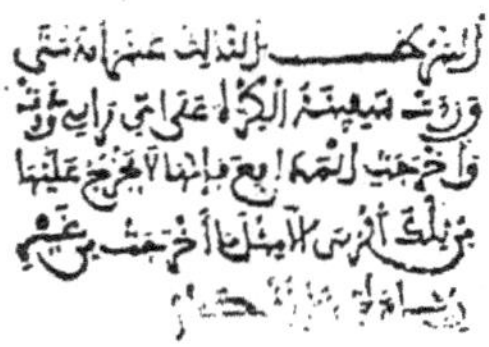

ART. 13. — Si un navire de l'une des puissances contractantes relâche dans un port de l'autre puissance, et qu'il salue, le fort répondra par le même nombre de coups de canon, ni plus, ni moins.

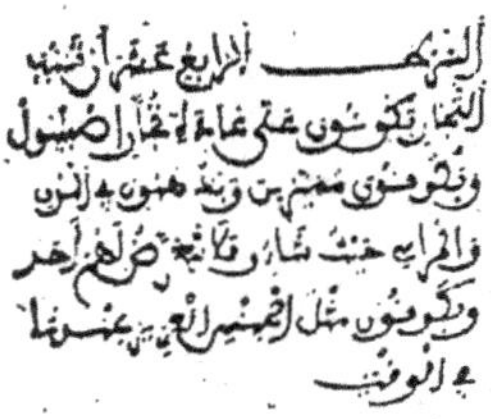

ART. 14. — Le commerce avec les Etats-Unis sera sur le même pied que le commerce avec l'Espagne, ou que le commerce avec la nation actuellement la plus favorisée. Les citoyens de ce pays seront respectés et estimés. Ils auront liberté d'aller et de venir dans notre pays et dans nos ports sans aucun obstacle.

ART. 15. — Les commerçants des deux pays emploieront à leur guise des interprètes et autres personnes pour les aider dans leurs affaires. Aucun capitaine ne sera retenu dans un port au-delà de sa convenance : toute personne employée au chargement, au déchargement ou à tout autre travail, sera payée au tarif courant, ni plus ni moins.

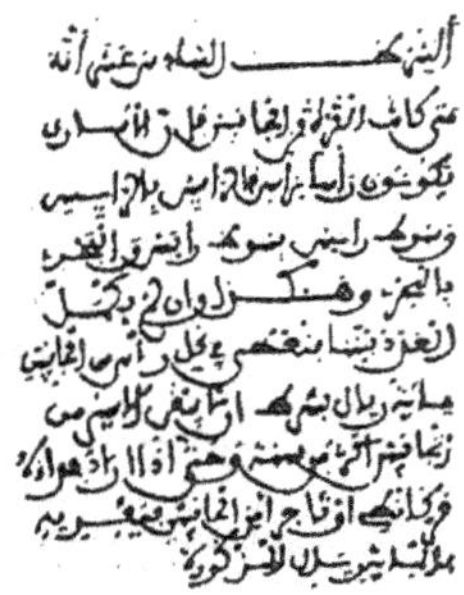

ART. 16. — En cas de guerre entre les deux puissances, les prisonniers ne seront point esclaves mais ils seront échangés tête pour tête, capitaine pour capitaine, particulier pour particulier, et, s'il y avait carence d'un côté, elle serait compensée par le paiement de mille dollars mexicains par tête. Il est convenu que cet échange sera effectué dans les douze mois de la capture par un négociant ou par toute autre personne agréée par l'une des puissances.

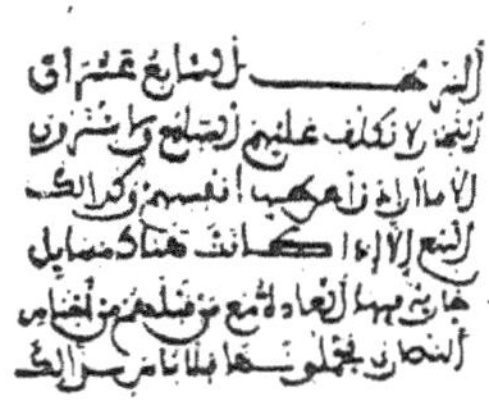

ART. 17. — Nul commerçant ne sera contraint de sa convenance ; il peut acheter et vendre toutes les marchandises dont le commerce n'est pas interdit aux autres puissances chrétiennes.

ART. 18. — Toutes les marchandises seront posées et contrôlées avant d'être embarquées après quoi, et pour éviter tout retard aux navires, aucune visite n'aura plus lieu, à moins qu'il ne soit établi au préalable que des marchandises de contrebande ont été mises à bord. En ce cas, les contrebandiers seront punis suivant les usages et coutumes du pays, sans qu'aucune autre personne puisse être molestée ni que le navire ou la cargaison aient à subir aucune sanction ni préjudice.

ART. 19. — Aucun vaisseau ne sera retenu dans un port sous quelque prétexte que ce soit, ni obligé de prendre à son bord aucune marchandise contre le frêt du capitaine. Celui-ci aura toute liberté pour traiter du fert des marchandises qu'il embarque.

ART. 20. — Tout litige entre citoyens ou protégés des Etats-Unis sera jugé par le consul. Si celui-ci requiert l'assistance de notre gouvernement pour faire exécuter sa sentence, cette assistance lui sera immédiatement fournie.

ART. 21. — Si un citoyen des Etats-Unis tue ou blesse un Maure, ou si, à l'inverse, un Maure tue ou blesse un citoyen des Etats-Unis, l'on appliquera la loi locale, et justice sera faite en présence du consul. Si le coupable s'évade, le consul ne saurait être responsable pour lui, en quelque façon que ce soit.

ART. 22. — Si un citoyen américain décède dans notre pays, sans laisser de testament, le consul prendra possession de ses biens. Là où il n'y aura pas de consul, ceux-ci seront remis entre les mains d'une personne de confiance, jusqu'à ce qu'un ayant droit se révèle. Si l'héritier du défunt est sur les lieux, il en entrera en possession sans obstacle. S'il y a un testament, sa valeur dépendra des biens laissés.

ART. 23. — Les consuls des Etats-Unis d'Amérique résideront dans les ports de nos Etats à leur convenance ; ils seront respectés et jouiront des mêmes privilèges que les consuls des autres nations. Si un citoyen des Etats-Unis contracte une dette ou une obligation, le consul n'en sera pas responsable, à moins qu'il en ait garanti par écrit le paiement ou l'exécution, faute de quoi il ne peut-être recherché en aucune façon.

ART. 24.— Si quelque différend s'élevait provenant de ce qu'une des puissances aurait transgressé l'un des articles du présent traité, la paix sera maintenue jusqu'à ce qu'une démarche intervienne en vue d'un réglement amiable. Tant que cette démarche n'aura pas échoué, il ne sera pas fait appel aux armes. Si une guerre éclatait entre les deux puissances. Il sera accordé à leurs sujets un délai de neuf mois pour se défaire de leurs biens et pour se retirer avec leur fortune.

Il est en outre déclaré que toute faveur, en matière de commerce ou autre, qui viendrait à être accordée à une autre puissance chrétienne s'appliquera également aux citoyens des Etats-Unis.

الشرط الخامس والعشرون
أن هذا الصلح يبقى مستمرا إن شاء الله
بحول الله وقوته مدة خمسين سنة
وقد دفعنا هذه الرسم بيد طماس
بركل القنصو في أول يوم من رمضان
المبارك عام مائتين والف

ART. 25. — Le présent traité sera en vigueur. Dieu aidant, pendant cinquante an ; à l'expiration de ce délai, il continuera d'obliger les deux puissances jusqu'à ce que l'une d'elles ait notifié son intention de s'en départir par un préavis de douze ~~mois~~ mois

Annexe 5

Dahir n°1-16-147 du 21 kaada 1437 (25 août 2016) portant promulgation de la loi n°42-16 portant approbation de l'Accord de Paris sur les changements climatiques, adopté le 12 décembre 2015.

LOUANGE À DIEU SEUL !
(Grand Sceau de Sa Majesté Mohammed VI)

Que l'on sache par les présentes – puisse Dieu en élever et en fortifier la teneur !

Que notre Majesté Chérifienne ;

Vu la Constitution, notamment ses articles 42, 50 et 55 (2ème alinéa),

A DÉCIDÉ CE QUI SUIT :

Est promulguée et sera publiée au Bulletin officiel, à la suite du présent dahir, la loi 42-16 portant approbation de l'Accord de Paris sur les changements climatiques, adopté le 12 décembre 2015, telle qu'adoptée par la Chambre des représentants et la Chambre des conseillers.

Fait à Rabat, 21 kaada 1437 (25 août 2016).

Pour contreseing :

Le Chef du gouvernement
Abdel-Ilah Benkirane

Loi 42-16 portant approbation de l'Accord sur les changements climatiques, adopté à Paris le 12 décembre 2015

Article unique

Est approuvé l'Accord de Paris sur les changements climatiques, adopté à Paris le 12 décembre 2015.

Dahir n°1-17-01 du 21 rabii II 1438 (20 janvier 2017) portant promulgation de la loi n°01-17 portant approbation de l'Acte constitutif de l'Union africaine, fait à Lomé (Togo), le 11 juillet 2000, tel qu'amendé par le Protocole y annexé, adopté à Addis-Abeba (Éthiopie) le 3 février 2003, et à Maputo (Mozambique) le 11 juin 2003.

LOUANGE À DIEU SEUL !
(Grand Sceau de Sa Majesté Mohammed VI)

Que l'on sache par les présentes – puisse Dieu en élever et en fortifier la teneur !

Que notre Majesté Chérifienne ;

Vu la Constitution, notamment ses articles 42, 50 et 55 (2ème alinéa),

A DÉCIDÉ CE QUI SUIT

Est promulguée et sera publiée au Bulletin officiel, à la suite du présent dahir, la loi n°01-17 portant approbation de l'Acte constitutif de l'Union africaine, fait à Lomé (Togo), le 11 juillet 2000, tel qu'amendé par le Protocole y annexé, adopté à Addis-Abeba (Éthiopie) le 3 février 2003, et à Maputo (Mozambique) le 11 juin 2003, telle qu'adoptée par la Chambre des représentants et la Chambre des conseillers.

Fait à Casablanca, le 21 rabii II 1438 (20 janvier 2017)

Pour contreseing :

Le Chef du gouvernement

Abdel-Ilah Benkirane

Annexe 6 : Exemple de retrait des réserves

État au : 06-12-2016 05:00:37EDT

8. Convention sur l'élimination de toutes les formes de discrimination à l'égard des femmes

New York, 18 décembre 1979 [1]

Entrée en vigueur	: 3 septembre 1981, conformément au paragraphe 1 de l'article 27.
Enregistrement	: 3 septembre 1981, No 20378
État	: Signataires : 99. Parties : 189
Texte	: Nations Unies, *Recueil des Traités*, vol. 1249 (http://treaties.un.org/doc/Publication/UNTS/Volume 1249/v1249.pdf), p. 13.
Note	: La Convention a été ouverte à la signature au Siège de l'Organisation des Nations Unies le 1 mars 1980.

Kiribati		17 mars 2004 a
Koweït [31]		2 sept 1994 a
Lesotho [32]	17 juil 1980	22 août 1995
Lettonie		14 avr 1992 a
Liban		16 avr 1997 a
Libéria		17 juil 1984 a
Libye [33]		16 mai 1989 a
Liechtenstein [34]		22 déc 1995 a
Lituanie		18 janv 1994 a
Luxembourg	17 juil 1980	2 févr 1989
Madagascar	17 juil 1980	17 mars 1989
Malaisie [35]		5 juil 1995 a
Malawi [36]		12 mars 1987 a
Maldives [37, 38]		1 juil 1993 a
Mali	5 févr 1985	10 sept 1985
Malte		8 mars 1991 a
Maroc		21 juin 1993 a
Maurice [39]		9 juil 1984 a
Mauritanie [40]		10 mai 2001 a
Mexique	17 juil 1980	23 mars 1981
Micronésie (États fédérés de)		1 sept 2004 a
Monaco		18 mars 2005 a
Mongolie [41]	17 juil 1980	20 juil 1981
Monténégro [42]		23 oct 2006 d
Mozambique		21 avr 1997 a
Myanmar		22 juil 1997 a
Namibie		23 nov 1992 a
Nauru		23 juin 2011 a
Népal	5 févr 1991	22 avr 1991
Nicaragua	17 juil 1980	27 oct 1981
Niger [43]		8 oct 1999 a
Nigéria	23 avr 1984	13 juin 1985

Déclarations :

"1. En ce qui concerne l'article 2 :

Le Gouvernement du Royaume du Maroc se déclare disposé à appliquer les dispositions de cet article à condition :

- qu'elles n'aient pas d'effet sur les dispositions constitutionnelles régissant les règles de succession au trône du Royaume du Maroc;

- qu'elles n'aillent pas à l'encontre des dispositions de la *Charia* Islamique, étant donné que certaines dispositions contenues dans le Code marocain du statut personnel qui donnent à la femme des droits qui diffèrent de ceux octroyés à l'époux, ne pourraient être transgressées ou abrogées du fait qu'elles sont fondamentalement issues de la *Charia* Islamique qui vise, entre autres, à réaliser l'équilibre entre les conjoints afin de préserver la consolidation des liens familiaux."

2. En ce qui concerne le paragraphe 4 de l'article 15 :

Le Gouvernement du Royaume du Maroc déclare qu'il ne pourrait être lié par les dispositions de ce paragraphe, notamment celles qui concernent le droit de la femme de choisir sa résidence et son domicile, que dans la mesure où ces dispositions ne seraient pas contraires aux articles 34 et 36 du Code marocain du statut personnel.

Réserves :

"3. En ce qui concerne l'article 29 :

Le Gouvernement du Royaume du Maroc ne se considère pas lié par le paragraphe 1 de cet article qui dispose que tout différend entre deux ou plusieurs États concernant l'interprétation ou l'application de la Convention qui n'est pas réglé par voie de négociation, peut être soumis à l'arbitrage à la demande de l'un d'entre eux.

Le Gouvernement du Royaume du Maroc estime, en effet,que tout différend de cette nature ne peut être soumis à l'arbitrage qu'avec le consentement de toutes les parties au différends."

Annexe 7

Exemple de décret portant délégation de pouvoir au ministre de l'Économie et des Finances en matière d'emprunts extérieurs

4918 BULLETIN OFFICIEL N° 6423 *Bis* – 9 rabii I 1437 (21-12-2015)

Décret n° 2-15-785 du 9 rabii I 1437 (21 décembre 2015) portant délégation de pouvoir, au ministre de l'économie et des finances, en matière d'emprunts intérieurs.

LE CHEF DU GOUVERNEMENT,

Vu l'article 90 de la Constitution ;

Vu l'article 53 de la loi de finances n° 14-97 pour l'année budgétaire 1997-1998, promulguée par le dahir n° 1-97-153 du 24 safar 1418 (30 juin 1997) ;

Vu les articles 56 et 57 de la loi de finances n° 70-15 pour l'année budgétaire 2016, promulguée par le dahir n° 1-15-150 du 7 rabii I 1437 (19 décembre 2015) ;

Après délibération en Conseil du gouvernement, réuni le 30 hija 1436 (14 octobre 2015),

DÉCRÈTE :

ARTICLE PREMIER. – Délégation de pouvoir est donnée au ministre de l'économie et des finances pour déterminer les modalités des emprunts intérieurs et de tout autre instrument financier émis pour couvrir, pendant l'année budgétaire 2016, l'ensemble des charges du Trésor.

ART. 2. – Délégation de pouvoir est également donnée au ministre de l'économie et des finances ou à la personne spécialement habilitée par lui à cet effet pour émettre des emprunts intérieurs et recourir à tout autre instrument financier, afin d'effectuer des opérations de rachat, d'échange et de mise en pension des bons du Trésor.

ART. 3. – Le ministre de l'économie et des finances est chargé de l'exécution du présent décret qui sera publié au *Bulletin officiel*.

Fait à Rabat, le 9 rabii I 1437 (21 décembre 2015).

ABDEL-ILAH BENKIRAN.

Pour contreseing :

Le ministre de l'économie et des finances,

MOHAMMED BOUSSAID.

Décret n° 2-15-786 du 9 rabii I 1437 (21 décembre 2015) portant délégation de pouvoir, au ministre de l'économie et des finances, en matière de financements extérieurs.

LE CHEF DU GOUVERNEMENT,

Vu l'article 90 de la Constitution,

Vu l'article 55 de la loi de finances n° 70-15 pour l'année budgétaire 2016, promulguée par le dahir n° 1-15-150 du 7 rabii I 1437 (19 décembre 2015) ;

Après délibération en Conseil du gouvernement, réuni le 30 hija 1436 (14 octobre 2015),

DÉCRÈTE :

ARTICLE PREMIER. – Délégation de pouvoir est donnée au ministre de l'économie et des finances ou à la personne spécialement habilitée par lui à cet effet aux fins de conclure, au nom du gouvernement du Royaume du Maroc, des accords de coopération financière, de contracter des emprunts extérieurs avec des gouvernements étrangers ou des organismes étrangers ou internationaux et d'émettre des emprunts sur le marché financier international ou de recourir à tout autre instrument financier, pendant l'année budgétaire 2016.

ART. 2. – Délégation de pouvoir est également donnée au ministre de l'économie et des finances ou à la personne spécialement habilitée par lui à cet effet aux fins de signer, pendant l'année budgétaire 2016, au nom du gouvernement du Royaume du Maroc, les accords, conventions ou contrats de garantie à conclure avec des gouvernements étrangers ou des organismes étrangers ou internationaux.

ART. 3. – Le ministre de l'économie et des finances est chargé de l'exécution du présent décret qui sera publié au *Bulletin officiel*.

Fait à Rabat, le 9 rabii I 1437 (21 décembre 2015).

ABDEL-ILAH BENKIRAN.

Pour contreseing :

Le ministre de l'économie et des finances,

MOHAMMED BOUSSAID.

Annexe 8

Approbation par décret des accords de prêts ou d'emprunts extérieurs

N° 6428 – 26 rabii I 1437 (7-1-2016) BULLETIN OFFICIEL 9

Décret n° 2-15-988 du 11 rabii I 1437 (23 décembre 2015) approuvant l'accord de prêt n° 8573-MA d'un montant de trois cents millions de dollars américains (300.000.000 de dollars américains), conclu le 21 décembre 2015 entre le Royaume du Maroc et la Banque internationale pour la reconstruction et le développement, concernant le deuxième prêt de politique de développement Croissance Verte Solidaire.

LE CHEF DU GOUVERNEMENT,

Vu la loi de finances n° 100-14 pour l'année budgétaire 2015, promulguée par le dahir n° 1-14-195 du 1er rabii I 1436 (24 décembre 2014), notamment son article 45 ;

Vu le paragraphe premier de l'article 41 de la loi de finances n° 26-81, pour l'année 1982, promulguée par le dahir n° 1-81-425 du 5 rabii I 1402 (1er janvier 1982) ;

Sur proposition du ministre de l'économie et des finances,

DÉCRÈTE :

ARTICLE PREMIER. – Est approuvé, tel qu'il est annexé à l'original du présent décret, l'accord de prêt n° 8573-MA d'un montant de trois cents millions de dollars américains (300.000.000 de dollars américains), conclu le 21 décembre 2015 entre le Royaume du Maroc et la Banque internationale pour la reconstruction et le développement, concernant le deuxième prêt de politique de développement Croissance Verte Solidaire.

ART. 2. – Le ministre de l'économie et des finances est chargé de l'exécution du présent décret qui sera publié au *Bulletin officiel*.

Fait à Rabat, le 11 rabii I 1437 (23 décembre 2015).

ABDEL-ILAH BENKIRAN.

Pour contreseing :

Le ministre de l'économie et des finances,

MOHAMMED BOUSSAID.

Décret n° 2-15-989 du 11 rabii I 1437 (23 décembre 2015) approuvant l'accord de prêt n° 8560-MA d'un montant de deux cents millions de dollars américains (200.000.000 de dollars américains), conclu le 21 décembre 2015 entre le Royaume du Maroc et la Banque internationale pour la reconstruction et le développement, concernant le programme d'appui au secteur des déplacements urbains.

LE CHEF DU GOUVERNEMENT,

Vu la loi de finances n° 100-14 pour l'année budgétaire 2015, promulguée par le dahir n° 1-14-195 du 1er rabii I 1436 (24 décembre 2014), notamment son article 45 ;

Vu le paragraphe premier de l'article 41 de la loi de finances n° 26-81, pour l'année 1982, promulguée par le dahir n° 1-81-425 du 5 rabii I 1402 (1er janvier 1982) ;

Sur proposition du ministre de l'économie et des finances,

DÉCRÈTE :

ARTICLE PREMIER. – Est approuvé, tel qu'il est annexé à l'original du présent décret, l'accord de prêt n° 8560-MA d'un montant de deux cents millions de dollars américains (200.000.000 de dollars américains), conclu le 21 décembre 2015 entre le Royaume du Maroc et la Banque internationale pour la reconstruction et le développement, concernant le programme d'appui au secteur des déplacements urbains.

ART. 2. – Le ministre de l'économie et des finances est chargé de l'exécution du présent décret qui sera publié au *Bulletin officiel*.

Fait à Rabat, le 11 rabii I 1437 (23 décembre 2015).

ABDEL-ILAH BENKIRAN.

Pour contreseing :

Le ministre de l'économie et des finances,

MOHAMMED BOUSSAID.

Annexe 9

Dahir n° 1-16-157 du 8 safar 1438 (8 novembre 2016) portant publication de l'Accord de Paris sur les changements climatiques, adopté à Paris le 12 décembre 2015

LOUANGE A DIEU SEUL !

(Grand Sceau de Sa Majesté Mohammed VI)

Que l'on sache par les présentes – puisse Dieu en élever et en fortifier la teneur !

Que Notre Majesté Chérifienne,

Vu l'Accord de Paris sur les changements climatiques, adopté à Paris le 12 décembre 2015 ;

Vu la loi n° 42-16 portant approbation de l'Accord précité et promulguée par le dahir n° 1-16-147 du 21 kaada 1437 (25 août 2016) ;

Vu le procès-verbal de dépôt des instruments de ratification du Royaume du Maroc de l'Accord précité, fait à New York le 21 septembre 2016,

A DÉCIDÉ CE QUI SUIT :

Sera publié au *Bulletin officiel*, à la suite du présent dahir, l'Accord de Paris sur les changements climatiques, adopté à Paris le 12 décembre 2015.

Fait le 8 safar 1438 (8 novembre 2016).

Pour contreseing :

Le Chef du gouvernement,

ABDEL-ILAH BENKIRAN.

*

* *

ACCORD DE PARIS

Les Parties au présent Accord,

Étant Parties à la Convention-cadre des Nations Unies sur les changements climatiques, ci-après dénommée « la Convention »,

Agissant en application de la plateforme de Durban pour une action renforcée adoptée par la décision 1/CP.17 de la Conférence des Parties à la Convention à sa dix-septième session,

Soucieuses d'atteindre l'objectif de la Convention, et guidées par ses principes, y compris le principe de l'équité et des responsabilités communes mais différenciées et des capacités respectives, eu égard aux différentes situations nationales,

Reconnaissant la nécessité d'une riposte efficace et progressive à la menace pressante des changements climatiques en se fondant sur les meilleures connaissances scientifiques disponibles,

Reconnaissant aussi les besoins spécifiques et la situation particulière des pays en développement Parties, surtout de ceux qui sont particulièrement vulnérables aux effets néfastes des changements climatiques, comme le prévoit la Convention,

Tenant pleinement compte des besoins spécifiques et de la situation particulière des pays les moins avancés en ce qui concerne le financement et le transfert de technologies,

Reconnaissant que les Parties peuvent être touchées non seulement par les changements climatiques, mais aussi par les effets des mesures de riposte à ces changements,

Soulignant que l'action et la riposte face aux changements climatiques et les effets des changements climatiques sont intrinsèquement liés à un accès équitable au développement durable et à l'élimination de la pauvreté,

Reconnaissant la priorité fondamentale consistant à protéger la sécurité alimentaire et à venir à bout de la faim, et la vulnérabilité particulière des systèmes de production alimentaire aux effets néfastes des changements climatiques,

Tenant compte des impératifs d'une transition juste pour la population active et de la création d'emplois décents et de qualité conformément aux priorités de développement définies au niveau national,

Conscientes que les changements climatiques sont un sujet de préoccupation pour l'humanité tout entière et que, lorsqu'elles prennent des mesures face à ces changements, les Parties devraient respecter, promouvoir et prendre en considération leurs obligations respectives concernant les droits de l'Homme, le droit à la santé, les droits des peuples autochtones, des communautés locales, des migrants, des enfants, des personnes handicapées et des personnes en situation vulnérable et le droit au développement, ainsi que l'égalité des sexes, l'autonomisation des femmes et l'équité entre les générations,

Reconnaissant l'importance de la conservation et, le cas échéant, du renforcement des puits et réservoirs des gaz à effet de serre visés dans la Convention,

Notant qu'il importe de veiller à l'intégrité de tous les écosystèmes, y compris les océans, et à la protection de la biodiversité, reconnue par certaines cultures comme la Terre nourricière, et notant l'importance pour certains de la notion de « justice climatique », dans l'action menée face aux changements climatiques,

Affirmant l'importance de l'éducation, de la formation, de la sensibilisation, de la participation du public, de l'accès de la population à l'information et de la coopération à tous les niveaux sur les questions traitées dans le présent Accord,

Reconnaissant l'importance de la participation des pouvoirs publics à tous les niveaux et des divers acteurs, conformément aux législations nationales respectives des Parties, dans la lutte contre les changements climatiques,

Reconnaissant également que des modes de vie durables et des modes durables de consommation et de production, les pays développés Parties montrant la voie, jouent un rôle important pour faire face aux changements climatiques,

Sont convenues de ce qui suit :

Article premier

Aux fins du présent Accord, les définitions énoncées à l'article premier de la Convention sont applicables. En outre :

a) On entend par « Convention » la Convention-cadre des Nations Unies sur les changements climatiques, adoptée à New York le 9 mai 1992;

b) On entend par « Conférence des Parties » la Conférence des Parties à la Convention;

c) On entend par « Partie » une Partie au présent Accord.

Article 2

1. Le présent Accord, en contribuant à la mise en œuvre de la Convention, notamment de son objectif, vise à renforcer la riposte mondiale à la menace des changements climatiques, dans le contexte du développement durable et de la lutte contre la pauvreté, notamment en :

a) Contenant l'élévation de la température moyenne de la planète nettement en dessous de 2 °C par rapport aux niveaux préindustriels et en poursuivant l'action menée pour limiter l'élévation de la température à 1,5 °C par rapport aux niveaux préindustriels, étant entendu que cela réduirait sensiblement les risques et les effets des changements climatiques;

b) Renforçant les capacités d'adaptation aux effets néfastes des changements climatiques et en promouvant la résilience à ces changements et un développement à faible émission de gaz à effet de serre, d'une manière qui ne menace pas la production alimentaire;

c) Rendant les flux financiers compatibles avec un profil d'évolution vers un développement à faible émission de gaz à effet de serre et résilient aux changements climatiques.

2. Le présent Accord sera appliqué conformément à l'équité et au principe des responsabilités communes mais différenciées et des capacités respectives, eu égard aux différentes situations nationales.

Article 3

À titre de contributions déterminées au niveau national à la riposte mondiale aux changements climatiques, il incombe à toutes les Parties d'engager et de communiquer des efforts ambitieux au sens des articles 4, 7, 9, 10, 11 et 13 en vue de réaliser l'objet du présent Accord tel qu'énoncé à l'article 2. Les efforts de toutes les Parties représenteront une progression dans le temps, tout en reconnaissant la nécessité d'aider les pays en développement Parties pour que le présent Accord soit appliqué efficacement.

Article 4

1. En vue d'atteindre l'objectif de température à long terme énoncé à l'article 2, les Parties cherchent à parvenir au plafonnement mondial des émissions de gaz à effet de serre dans les meilleurs délais, étant entendu que le plafonnement prendra davantage de temps pour les pays en développement Parties, et à opérer des réductions rapidement par la suite conformément aux meilleures données scientifiques disponibles de façon à parvenir à un équilibre entre les émissions anthropiques par les sources et les absorptions anthropiques par les puits de gaz à effet de serre au cours de la deuxième moitié du siècle, sur la base de l'équité, et dans le contexte du développement durable et de la lutte contre la pauvreté.

2. Chaque Partie établit, communique et actualise les contributions déterminées au niveau national successives qu'elle prévoit de réaliser. Les Parties prennent des mesures internes pour l'atténuation en vue de réaliser les objectifs desdites contributions.

3. La contribution déterminée au niveau national suivante de chaque Partie représentera une progression par rapport à la contribution déterminée au niveau national antérieure et correspondra à son niveau d'ambition le plus élevé possible, compte tenu de ses responsabilités communes mais différenciées et de ses capacités respectives, eu égard aux différentes situations nationales.

4. Les pays développés Parties devraient continuer de montrer la voie en assumant des objectifs de réduction des émissions en chiffres absolus à l'échelle de l'économie. Les pays en développement Parties devraient continuer d'accroître leurs efforts d'atténuation, et sont encouragés à passer progressivement à des objectifs de réduction ou de limitation des émissions à l'échelle de l'économie eu égard aux différentes situations nationales.

5. Un appui est fourni aux pays en développement Parties pour l'application du présent article, conformément aux articles 9, 10 et 11, étant entendu qu'un appui renforcé en faveur des pays en développement Parties leur permettra de prendre des mesures plus ambitieuses.

6. Les pays les moins avancés et les petits États insulaires en développement peuvent établir et communiquer des stratégies, plans et mesures de développement à faible émission de gaz à effet de serre correspondant à leur situation particulière.

7. Les retombées bénéfiques, dans le domaine de l'atténuation, des mesures d'adaptation et/ou des plans de diversification économique des Parties peuvent contribuer aux résultats d'atténuation en application du présent article.

8. En communiquant leurs contributions déterminées au niveau national, toutes les Parties présentent l'information nécessaire à la clarté, la transparence et la compréhension conformément à la décision 1/CP.21 et à toutes les décisions pertinentes de la Conférence des Parties agissant comme réunion des Parties au présent Accord.

9. Chaque Partie communique une contribution déterminée au niveau national tous les cinq ans conformément à la décision 1/CP.21 et à toutes les décisions pertinentes de la Conférence des Parties agissant comme réunion des Parties au présent Accord de Paris et en tenant compte des résultats du bilan mondial prévu à l'article 14.

10. La Conférence des Parties agissant comme réunion des Parties au présent Accord examine des calendriers communs pour les contributions déterminées au niveau national à sa première session.

11. Une Partie peut à tout moment modifier sa contribution déterminée au niveau national afin d'en relever le niveau d'ambition, conformément aux directives adoptées par la Conférence des Parties agissant comme réunion des Parties au présent Accord.

12. Les contributions déterminées au niveau national communiquées par les Parties sont consignées dans un registre public tenu par le secrétariat.

13. Les Parties rendent compte de leurs contributions déterminées au niveau national. Dans la comptabilisation des émissions et des absorptions anthropiques correspondant à leurs contributions déterminées au niveau national, les Parties

promeuvent l'intégrité environnementale, la transparence, l'exactitude, l'exhaustivité, la comparabilité et la cohérence, et veillent à ce qu'un double comptage soit évité, conformément aux directives adoptées par la Conférence des Parties agissant comme réunion des Parties au présent Accord.

14. Dans le contexte de leurs contributions déterminées au niveau national, lorsqu'elles indiquent et appliquent des mesures d'atténuation concernant les émissions et les absorptions anthropiques, les Parties devraient tenir compte, selon qu'il convient, des méthodes et des directives en vigueur conformément à la Convention, compte tenu des dispositions du paragraphe 13 du présent article.

15. Les Parties tiennent compte, dans la mise en œuvre du présent Accord, des préoccupations des Parties dont l'économie est particulièrement touchée par les effets des mesures de riposte, en particulier les pays en développement Parties.

16. Les Parties, y compris les organisations régionales d'intégration économique et leurs États membres, qui se sont mises d'accord pour agir conjointement en application du paragraphe 2 du présent article, notifient au secrétariat les termes de l'accord pertinent, y compris le niveau d'émissions attribué à chaque Partie pendant la période considérée, au moment de communiquer leurs contributions déterminées au niveau national. Le secrétariat informe à son tour les Parties à la Convention et les signataires des termes de l'accord.

17. Chaque Partie à un accord de ce type est responsable de son niveau d'émissions indiqué dans l'accord visé au paragraphe 16 du présent article conformément aux paragraphes 13 et 14 du présent article et aux articles 13 et 15.

18. Si des Parties agissant conjointement le font dans le cadre d'une organisation régionale d'intégration économique qui est elle-même partie au présent Accord, et en concertation avec elle, chaque État membre de cette organisation régionale d'intégration économique, à titre individuel et conjointement avec l'organisation régionale d'intégration économique, est responsable de son niveau d'émissions indiqué dans l'accord communiqué en application du paragraphe 16 du présent article conformément aux paragraphes 13 et 14 du présent article et aux articles 13 et 15.

19. Toutes les Parties devraient s'employer à formuler et communiquer des stratégies à long terme de développement à faible émission de gaz à effet de serre, en gardant à l'esprit l'article 2 compte tenu de leurs responsabilités communes mais différenciées et de leurs capacités respectives, eu égard aux différentes situations nationales.

Article 5

1. Les Parties devraient prendre des mesures pour conserver et, le cas échéant, renforcer les puits et réservoirs de gaz à effet de serre comme le prévoit l'alinéa d) du paragraphe 1 de l'article 4 de la Convention, notamment les forêts.

2. Les Parties sont invitées à prendre des mesures pour appliquer et étayer, notamment par des versements liés aux résultats, le cadre existant défini dans les directives et les décisions pertinentes déjà adoptées en vertu de la Convention pour : les démarches générales et les mesures d'incitation positive concernant les activités liées à la réduction des émissions résultant du déboisement et de la dégradation des forêts, et le rôle de la conservation, de la gestion durable des forêts et de l'accroissement des stocks de carbone forestiers dans les pays en développement; et d'autres démarches générales, notamment des démarches conjointes en matière d'atténuation et d'adaptation pour la gestion intégrale et durable des forêts, tout en réaffirmant qu'il importe de promouvoir, selon qu'il convient, les avantages non liés au carbone associés à de telles démarches.

Article 6

1. Les Parties reconnaissent que certaines Parties décident de coopérer volontairement dans la mise en œuvre de leurs contributions déterminées au niveau national pour relever le niveau d'ambition de leurs mesures d'atténuation et d'adaptation et pour promouvoir le développement durable et l'intégrité environnementale.

2. Les Parties, lorsqu'elles mènent à titre volontaire des démarches concertées passant par l'utilisation de résultats d'atténuation transférés au niveau international aux fins des contributions déterminées au niveau national, promeuvent le développement durable et garantissent l'intégrité environnementale et la transparence, y compris en matière de gouvernance, et appliquent un système fiable de comptabilisation, afin notamment d'éviter un double comptage, conformément aux directives adoptées par la Conférence des Parties agissant comme réunion des Parties au présent Accord.

3. L'utilisation de résultats d'atténuation transférés au niveau international pour réaliser les contributions déterminées au niveau national en vertu du présent Accord revêt un caractère volontaire et est soumise à l'autorisation des Parties participantes.

4. Il est établi un mécanisme pour contribuer à l'atténuation des émissions de gaz à effet de serre et promouvoir le développement durable, placé sous l'autorité de la Conférence des Parties agissant comme réunion des Parties au présent Accord, dont il suit les directives, à l'intention des Parties, qui l'utilisent à titre volontaire. Il est supervisé par un organe désigné par la Conférence des Parties agissant comme réunion des Parties au présent Accord, et a pour objet de :

a) Promouvoir l'atténuation des émissions de gaz à effet de serre tout en favorisant le développement durable;

b) Promouvoir et faciliter la participation à l'atténuation des gaz à effet de serre d'entités publiques et privées autorisées par une Partie;

c) Contribuer à la réduction des niveaux d'émissions dans la Partie hôte, qui bénéficiera d'activités d'atténuation donnant lieu à des réductions d'émissions qui peuvent aussi être utilisées par une autre Partie pour remplir sa contribution déterminée au niveau national;

d) Permettre une atténuation globale des émissions mondiales.

5. Les réductions d'émissions résultant du mécanisme visé au paragraphe 4 du présent article ne sont pas utilisées pour établir la réalisation de la contribution déterminée au niveau national de la Partie hôte, si elles sont utilisées par une autre Partie pour établir la réalisation de sa propre contribution déterminée au niveau national.

6. La Conférence des Parties agissant comme réunion des Parties au présent Accord de Paris veille à ce qu'une part des fonds provenant d'activités menées au titre du mécanisme visé au paragraphe 4 du présent article soit utilisée pour couvrir les dépenses administratives ainsi que pour aider les pays en développement Parties qui sont particulièrement vulnérables aux effets néfastes des changements climatiques à financer le coût de l'adaptation.

7. La Conférence des Parties agissant comme réunion des Parties au présent Accord de Paris adopte des règles, des modalités et des procédures pour le mécanisme visé au paragraphe 4 du présent article à sa première session.

8. Les Parties reconnaissent l'importance de disposer de démarches non fondées sur le marché intégrées, globales et équilibrées pour les aider dans la mise

en œuvre de leur contribution déterminée au niveau national, dans le contexte du développement durable et de l'élimination de la pauvreté, d'une manière coordonnée et efficace, notamment par l'atténuation, l'adaptation, le financement, le transfert de technologies et le renforcement des capacités, selon qu'il convient. Ces démarches visent à :

a) Promouvoir l'ambition en matière d'atténuation et d'adaptation;

b) Renforcer la participation des secteurs public et privé à la mise en œuvre des contributions déterminées au niveau national;

c) Faciliter des possibilités de coordination entre les instruments et les dispositifs institutionnels pertinents.

9. Il est défini un cadre pour les démarches non fondées sur le marché en matière de développement durable afin de promouvoir les démarches non fondées sur le marché visées au paragraphe 8 du présent article.

Article 7

1. Les Parties établissent l'objectif mondial en matière d'adaptation consistant à renforcer les capacités d'adaptation, à accroître la résilience aux changements climatiques et à réduire la vulnérabilité à ces changements, en vue de contribuer au développement durable et de garantir une riposte adéquate en matière d'adaptation dans le contexte de l'objectif de température énoncé à l'article 2.

2. Les Parties reconnaissent que l'adaptation est un défi mondial qui se pose à tous, comportant des dimensions locales, infranationales, nationales, régionales et internationales, et que c'est un élément clef de la riposte mondiale à long terme face aux changements climatiques, à laquelle elle contribue, afin de protéger les populations, les moyens d'existence et les écosystèmes, en tenant compte des besoins urgents et immédiats des pays en développement Parties qui sont particulièrement vulnérables aux effets néfastes des changements climatiques.

3. Les efforts d'adaptation des pays en développement Parties sont reconnus conformément aux modalités qui seront adoptées par la Conférence des Parties agissant comme réunion des Parties au présent Accord, à sa première session.

4. Les Parties reconnaissent que le besoin actuel d'adaptation est important, que des niveaux d'atténuation plus élevés peuvent réduire la nécessité d'efforts supplémentaires d'adaptation, et que des besoins d'adaptation plus élevés peuvent entraîner des coûts d'adaptation plus importants.

5. Les Parties reconnaissent que l'action pour l'adaptation devrait suivre une démarche impulsée par les pays, sensible à l'égalité des sexes, participative et totalement transparente, prenant en considération les groupes, les communautés et les écosystèmes vulnérables, et devrait tenir compte et s'inspirer des meilleures données scientifiques disponibles et, selon qu'il convient, des connaissances traditionnelles, du savoir des peuples autochtones et des systèmes de connaissances locaux, en vue d'intégrer l'adaptation dans les politiques et les mesures socioéconomiques et environnementales pertinentes, s'il y a lieu.

6. Les Parties reconnaissent l'importance de l'appui et de la coopération internationale aux efforts d'adaptation et la nécessité de prendre en considération les besoins des pays en développement Parties, notamment de ceux qui sont particulièrement vulnérables aux effets néfastes des changements climatiques.

7. Les Parties devraient intensifier leur coopération en vue d'améliorer l'action pour l'adaptation, compte tenu du Cadre de l'adaptation de Cancún, notamment afin :

a) D'échanger des renseignements, des bonnes pratiques, des expériences et des enseignements, y compris, selon qu'il convient, pour ce qui est des connaissances scientifiques, de la planification, des politiques et de la mise en œuvre relatives aux mesures d'adaptation;

b) De renforcer les dispositifs institutionnels, notamment ceux relevant de la Convention qui concourent à l'application du présent Accord, pour faciliter la synthèse des informations et des connaissances pertinentes et la fourniture d'un appui et de conseils techniques aux Parties;

c) D'améliorer les connaissances scientifiques sur le climat, y compris la recherche, l'observation systématique du système climatique et les systèmes d'alerte précoce, d'une manière qui soutienne les services climatiques et appuie la prise de décisions;

d) D'aider les pays en développement Parties à recenser les pratiques efficaces et les besoins en matière d'adaptation, les priorités, l'appui fourni et l'appui reçu aux mesures et efforts d'adaptation, ainsi que les problèmes et les lacunes selon des modalités qui promeuvent les bonnes pratiques;

e) D'accroître l'efficacité et la pérennité des mesures d'adaptation.

8. Les institutions et les organismes spécialisés des Nations Unies sont invités à appuyer les efforts des Parties visant à réaliser les mesures définies au paragraphe 7 du présent article, compte tenu des dispositions du paragraphe 5 du présent article.

9. Chaque Partie entreprend, selon qu'il convient, des processus de planification de l'adaptation et met en œuvre des mesures qui consistent notamment à mettre en place ou à renforcer des plans, politiques et/ou contributions utiles, y compris en faisant intervenir :

a) La réalisation de mesures, d'engagements et/ou d'efforts dans le domaine de l'adaptation;

b) Le processus visant à formuler et réaliser des plans nationaux d'adaptation;

c) L'évaluation des effets des changements climatiques et de la vulnérabilité à ces changements en vue de formuler des mesures prioritaires déterminées au niveau national, compte tenu des populations, des lieux et des écosystèmes vulnérables;

d) Le suivi et l'évaluation des plans, des politiques, des programmes et des mesures d'adaptation et les enseignements à retenir;

e) Le renforcement de la résilience des systèmes socioéconomiques et écologiques, notamment par la diversification économique et la gestion durable des ressources naturelles.

10. Chaque Partie devrait, selon qu'il convient, présenter et actualiser périodiquement une communication relative à l'adaptation, où pourront figurer ses priorités, ses besoins en matière de mise en œuvre et d'appui, ses projets et ses mesures, sans imposer de charge supplémentaire aux pays en développement Parties.

11. La communication relative à l'adaptation dont il est question au paragraphe 10 du présent article est, selon qu'il convient, soumise et actualisée périodiquement, intégrée à d'autres communications ou documents ou présentée parallèlement, notamment dans un plan national d'adaptation, dans une contribution déterminée au niveau national conformément au paragraphe 2 de l'article 4, et/ou dans une communication nationale.

12. La communication relative à l'adaptation mentionnée au paragraphe 10 du présent article est consignée dans un registre public tenu par le secrétariat.

13. Un appui international renforcé est fourni en permanence aux pays en développement Parties aux fins de l'application des paragraphes 7, 9, 10 et 11 du présent article, conformément aux dispositions des articles 9, 10 et 11.

14. Le bilan mondial prévu à l'article 14 vise notamment à :

a) Prendre en compte les efforts d'adaptation des pays en développement Parties;

b) Renforcer la mise en œuvre de mesures d'adaptation en tenant compte de la communication sur l'adaptation mentionnée au paragraphe 10 du présent article;

c) Examiner l'adéquation et l'efficacité de l'adaptation et de l'appui fourni en matière d'adaptation;

d) Examiner les progrès d'ensemble accomplis dans la réalisation de l'objectif mondial en matière d'adaptation énoncé au paragraphe 1 du présent article.

Article 8

1. Les Parties reconnaissent la nécessité d'éviter les pertes et préjudices liés aux effets néfastes des changements climatiques, notamment les phénomènes météorologiques extrêmes et les phénomènes qui se manifestent lentement, de les réduire au minimum et d'y remédier, ainsi que le rôle joué par le développement durable dans la réduction du risque de pertes et préjudices.

2. Le Mécanisme international de Varsovie relatif aux pertes et préjudices liés aux incidences des changements climatiques est placé sous l'autorité de la Conférence des Parties agissant comme réunion des Parties au présent Accord, dont il suit les directives, et peut être amélioré et renforcé conformément aux décisions de la Conférence des Parties agissant comme réunion des Parties au présent Accord.

3. Les Parties devraient améliorer la compréhension, l'action et l'appui, notamment par le biais du Mécanisme international de Varsovie, selon que de besoin, dans le cadre de la coopération et de la facilitation, eu égard aux pertes et préjudices liés aux effets néfastes des changements climatiques.

4. En conséquence, les domaines de coopération et de facilitation visant à améliorer la compréhension, l'action et l'appui sont notamment les suivants :

a) Les systèmes d'alerte précoce;

b) La préparation aux situations d'urgence;

c) Les phénomènes qui se manifestent lentement;

d) Les phénomènes susceptibles de causer des pertes et préjudices irréversibles et permanents;

e) L'évaluation et la gestion complètes des risques;

f) Les dispositifs d'assurance dommages, la mutualisation des risques climatiques et les autres solutions en matière d'assurance;

g) Les pertes autres qu'économiques;

h) La résilience des communautés, des moyens de subsistance et des écosystèmes.

5. Le Mécanisme international de Varsovie collabore avec les organes et groupes d'experts relevant de l'Accord, ainsi qu'avec les organisations et les organes d'experts compétents qui n'en relèvent pas.

Article 9

1. Les pays développés Parties fournissent des ressources financières pour venir en aide aux pays en développement Parties aux fins tant de l'atténuation que de l'adaptation dans la continuité de leurs obligations au titre de la Convention.

2. Les autres Parties sont invitées à fournir ou à continuer de fournir ce type d'appui à titre volontaire.

3. Dans le cadre d'un effort mondial, les pays développés Parties devraient continuer de montrer la voie en mobilisant des moyens de financement de l'action climatique provenant d'un large éventail de sources, d'instruments et de filières, compte tenu du rôle notable que jouent les fonds publics, par le biais de diverses actions, notamment en appuyant des stratégies impulsées par les pays et en tenant compte des besoins et des priorités des pays en développement Parties. Cette mobilisation de moyens de financement de l'action climatique devrait représenter une progression par rapport aux efforts antérieurs.

4. La fourniture de ressources financières accrues devrait viser à parvenir à un équilibre entre l'adaptation et l'atténuation, en tenant compte des stratégies impulsées par les pays et des priorités et besoins des pays en développement Parties, notamment de ceux qui sont particulièrement vulnérables aux effets néfastes des changements climatiques et dont les capacités sont très insuffisantes comme les pays les moins avancés, et les petits États insulaires en développement, eu égard à la nécessité de prévoir des ressources d'origine publique et sous forme de dons pour l'adaptation.

5. Les pays développés Parties communiquent tous les deux ans des informations quantitatives et qualitatives à caractère indicatif ayant trait aux paragraphes 1 et 3 du présent article, selon qu'il convient, notamment, s'ils sont disponibles, les montants prévus des ressources financières publiques à accorder aux pays en développement Parties. Les autres Parties qui fournissent des ressources sont invitées à communiquer ces informations tous les deux ans à titre volontaire.

6. Le bilan mondial prévu à l'article 14 prendra en compte les informations pertinentes communiquées par les pays développés Parties et/ou les organes créés en vertu de l'Accord sur les efforts liés au financement de l'action climatique.

7. Les pays développés Parties communiquent tous les deux ans des informations transparentes et cohérentes sur l'appui fourni aux pays en développement Parties et mobilisé par des interventions publiques, conformément aux modalités, procédures et lignes directrices que la Conférence des Parties agissant comme réunion des Parties au présent Accord adoptera à sa première session, comme il est prévu au paragraphe 13 de l'article 13. Les autres Parties sont invitées à faire de même.

8. Le Mécanisme financier de la Convention, y compris ses entités fonctionnelles, remplit les fonctions de mécanisme financier du présent Accord.

9. Les institutions concourant à l'application du présent Accord, y compris les entités fonctionnelles du Mécanisme financier de la Convention, visent à garantir l'accès effectif aux ressources financières par le biais de procédures d'approbation simplifiées et d'un appui renforcé à la préparation en faveur des pays en développement Parties, en particulier des pays les moins avancés et des petits États insulaires en développement, dans le cadre de leurs stratégies et leurs plans nationaux relatifs au climat.

Article 10

1. Les Parties partagent une vision à long terme de l'importance qu'il y a à donner pleinement effet à la mise au point et au transfert de technologies de façon à accroître la résilience aux changements climatiques et à réduire les émissions de gaz à effet de serre.

2. Les Parties, notant l'importance de la technologie pour la mise en œuvre de mesures d'atténuation et d'adaptation en vertu du présent Accord et prenant acte des efforts entrepris pour déployer et diffuser la technologie, renforcent l'action de coopération concernant la mise au point et le transfert de technologies.

3. Le Mécanisme technologique créé en vertu de la Convention concourt à l'application du présent Accord.

4. Il est créé un cadre technologique chargé de donner des directives générales aux travaux du Mécanisme technologique visant à promouvoir et faciliter une action renforcée en matière de mise au point et de transfert de technologies de façon à appuyer la mise en œuvre du présent Accord, aux fins de la vision à long terme mentionnée au paragraphe 1 du présent article.

5. Il est essentiel d'accélérer, d'encourager et de permettre l'innovation pour une riposte mondiale efficace à long terme face aux changements climatiques et au service de la croissance économique et du développement durable. Cet effort sera appuyé, selon qu'il convient, y compris par le Mécanisme technologique et, sous la forme de moyens financiers, par le Mécanisme financier de la Convention, afin de mettre en place des collaborations en matière de recherche-développement et de faciliter l'accès des pays en développement Parties à la technologie, en particulier aux premiers stades du cycle technologique.

6. Un appui, financier notamment, est fourni aux pays en développement Parties aux fins de l'application du présent article, y compris pour le renforcement d'une action de coopération en matière de mise au point et de transfert de technologies à différents stades du cycle technologique, en vue de parvenir à un équilibre entre l'appui à l'atténuation et l'appui à l'adaptation. Le bilan mondial prévu à l'article 14 prend en compte les informations disponibles sur les activités d'appui à la mise au point et au transfert de technologies en faveur des pays en développement Parties.

Article 11

1. Le renforcement des capacités au titre du présent Accord devrait contribuer à améliorer les aptitudes et les capacités des pays en développement Parties, en particulier ceux qui ont les plus faibles capacités, tels que les pays les moins avancés, et ceux qui sont particulièrement vulnérables aux effets néfastes des changements climatiques comme les petits États insulaires en développement, afin qu'ils puissent lutter efficacement contre les changements climatiques, notamment mettre en œuvre des mesures d'adaptation et d'atténuation, et devrait faciliter la mise au point, la diffusion et le déploiement de technologies, l'accès à des moyens de financement de l'action climatique, les aspects pertinents de l'éducation, de la formation et de la sensibilisation de la population, et la communication transparente et précise d'informations en temps voulu.

2. Le renforcement des capacités devrait être impulsé par les pays, prendre en compte et satisfaire les besoins nationaux et favoriser l'appropriation par les Parties, en particulier pour les pays en développement Parties, notamment aux niveaux national, infranational et local. Il devrait s'inspirer des enseignements tirés de l'expérience, notamment des activités de renforcement des capacités menées dans le cadre de la Convention, et représenter un processus efficace, itératif, participatif, transversal et sensible à l'égalité des sexes.

3. Toutes les Parties devraient coopérer en vue d'accroître la capacité des pays en développement Parties de mettre en œuvre le présent Accord. Les pays développés Parties devraient étoffer l'appui apporté aux mesures de renforcement des capacités dans les pays en développement Parties.

4. Toutes les Parties qui s'emploient à accroître la capacité des pays en développement Parties de mettre en œuvre le présent Accord, y compris par des démarches régionales, bilatérales et multilatérales, font régulièrement connaître ces mesures ou initiatives de renforcement des capacités. Les pays en développement Parties devraient régulièrement informer des progrès réalisés dans l'application de plans, politiques, initiatives ou mesures de renforcement des capacités visant à mettre en œuvre le présent Accord.

5. Les activités de renforcement des capacités sont étoffées par le biais de dispositifs institutionnels appropriés visant à appuyer la mise en œuvre du présent Accord, y compris les dispositifs institutionnels appropriés créés en application de la Convention qui concourent à l'application du présent Accord. À sa première session, la Conférence des Parties agissant comme réunion des Parties au présent Accord examinera et adoptera une décision sur les dispositifs institutionnels initiaux relatifs au renforcement des capacités.

Article 12

Les Parties coopèrent en prenant, selon qu'il convient, des mesures pour améliorer l'éducation, la formation, la sensibilisation, la participation du public et l'accès de la population à l'information dans le domaine des changements climatiques, compte tenu de l'importance que revêtent de telles mesures pour renforcer l'action engagée au titre du présent Accord.

Article 13

1. Afin de renforcer la confiance mutuelle et de promouvoir une mise en œuvre efficace, il est créé un cadre de transparence renforcé des mesures et de l'appui, assorti d'une certaine flexibilité, qui tient compte des capacités différentes des Parties et qui s'appuie sur l'expérience collective.

2. Le cadre de transparence accorde aux pays en développement Parties qui en ont besoin, compte tenu de leurs capacités, une certaine flexibilité dans la mise en œuvre des dispositions du présent article. Les modalités, procédures et lignes

directrices prévues au paragraphe 13 du présent article tiennent compte de cette flexibilité.

3. Le cadre de transparence s'appuie sur les dispositifs relatifs à la transparence prévus en vertu de la Convention et les renforce en tenant compte de la situation particulière des pays les moins avancés et des petits États insulaires en développement, et doit être mis en œuvre d'une façon qui soit axée sur la facilitation, qui ne soit ni intrusive ni punitive, qui respecte la souveraineté nationale et qui évite d'imposer une charge excessive aux Parties.

4. Les dispositifs relatifs à la transparence prévus en vertu de la Convention, notamment les communications nationales, les rapports biennaux et les rapports biennaux actualisés, l'évaluation et l'examen au niveau international et les consultations et analyses internationales, font partie de l'expérience mise à profit pour l'élaboration des modalités, procédures et lignes directrices visées au paragraphe 13 du présent article.

5. Le cadre de transparence des mesures vise à fournir une image claire des mesures relatives aux changements climatiques à la lumière de l'objectif énoncé à l'article 2 de la Convention, notamment en éclairant et en suivant les progrès accomplis par chaque Partie en vue de s'acquitter de sa contribution déterminée au niveau national au titre de l'article 4 et de mettre en œuvre ses mesures d'adaptation au titre de l'article 7, notamment les bonnes pratiques, les priorités, les besoins et les lacunes, afin d'éclairer le bilan mondial prévu à l'article 14.

6. Le cadre de transparence de l'appui vise à donner une image claire de l'appui fourni et de l'appui reçu par chaque Partie concernée dans le contexte des mesures prises à l'égard des changements climatiques au titre des articles 4, 7, 9, 10 et 11, et, dans la mesure du possible, une vue d'ensemble de l'appui financier global fourni, pour éclairer le bilan mondial prévu à l'article 14.

7. Chaque Partie fournit régulièrement les informations ci-après :

a) Un rapport national d'inventaire des émissions anthropiques par les sources et des absorptions anthropiques par les puits de gaz à effet de serre, établi selon les méthodes constituant de bonnes pratiques adoptées par le Groupe d'experts intergouvernemental sur l'évolution du climat et convenues par la Conférence des Parties agissant comme réunion des Parties au présent Accord;

b) Les informations nécessaires au suivi des progrès accomplis par chaque Partie dans la mise en œuvre et la réalisation de sa contribution déterminée au niveau national au titre de l'article 4.

8. Chaque Partie devrait également communiquer des informations sur les effets des changements climatiques et sur l'adaptation à ces changements au titre de l'article 7, selon qu'il convient.

9. Les pays développés Parties doivent, et les autres Parties qui apportent un appui devraient, communiquer des informations sur l'appui fourni, sous la forme de ressources financières, d'un transfert de technologies et d'un renforcement des capacités, aux pays en développement Parties au titre des articles 9, 10 et 11.

10. Les pays en développement Parties devraient communiquer des informations sur l'appui dont ils ont besoin et qu'ils ont reçu, sous la forme de ressources financières, d'un transfert de technologies et d'un renforcement des capacités au titre des articles 9, 10 et 11.

11. Les informations communiquées par chaque Partie au titre des paragraphes 7 et 9 du présent article sont soumises à un examen technique par des experts, conformément à la décision 1/CP.21. Pour les pays en développement Parties qui en ont besoin compte tenu de leurs capacités, le processus d'examen les aide à définir leurs besoins en matière de renforcement des capacités. En outre, chaque Partie participe à un examen multilatéral, axé sur la facilitation, des progrès accomplis eu égard aux efforts entrepris en vertu de l'article 9, ainsi que dans la mise en œuvre et la réalisation de sa contribution déterminée au niveau national.

12. L'examen technique par des experts prévu dans ce paragraphe porte sur l'appui fourni par la Partie concernée, selon qu'il convient, ainsi que sur la mise en œuvre et la réalisation de sa contribution déterminée au niveau national. Il met en évidence les domaines se prêtant à des améliorations chez la Partie concernée et vérifie que les informations communiquées sont conformes aux modalités, procédures et lignes directrices visées au paragraphe 13 du présent article, compte tenu de la flexibilité accordée à la Partie concernée conformément au paragraphe 2 de cet article. Il prête une attention particulière aux capacités et situations nationales respectives des pays en développement Parties.

13. À sa première session, en s'appuyant sur l'expérience tirée des dispositifs relatifs à la transparence prévus en vertu de la Convention, et en précisant les dispositions du présent article, la Conférence des Parties agissant comme réunion

des Parties au présent Accord adopte des modalités, des procédures et des lignes directrices communes, selon qu'il convient, aux fins de la transparence des mesures et de l'appui.

14. Un appui est fourni aux pays en développement aux fins de la mise en œuvre du présent article.

15. Un appui est également fourni pour renforcer en permanence les capacités des pays en développement Parties en matière de transparence.

Article 14

1. La Conférence des Parties agissant comme réunion des Parties au présent Accord fait périodiquement le bilan de la mise en œuvre du présent Accord afin d'évaluer les progrès collectifs accomplis dans la réalisation de l'objet du présent Accord et de ses buts à long terme (ci-après dénommé « bilan mondial »). Elle s'y emploie d'une manière globale, axée sur la facilitation, en prenant en considération l'atténuation, l'adaptation, les moyens de mise en œuvre et l'appui et en tenant compte de l'équité et des meilleures données scientifiques disponibles.

2. La Conférence des Parties agissant comme réunion des Parties au présent Accord procède à son premier bilan mondial en 2023 et tous les cinq ans par la suite sauf si elle adopte une décision contraire.

3. Les résultats du bilan mondial éclairent les Parties dans l'actualisation et le renforcement de leurs mesures et de leur appui selon des modalités déterminées au niveau national, conformément aux dispositions pertinentes du présent Accord, ainsi que dans l'intensification de la coopération internationale pour l'action climatique.

Article 15

1. Il est institué un mécanisme pour faciliter la mise en œuvre et promouvoir le respect des dispositions du présent Accord.

2. Le mécanisme visé au paragraphe 1 du présent article est constitué d'un comité d'experts et axé sur la facilitation, et fonctionne d'une manière qui est transparente, non accusatoire et non punitive. Le comité accorde une attention particulière à la situation et aux capacités nationales respectives des Parties.

3. Le comité exerce ses activités selon les modalités et procédures arrêtées par la Conférence des Parties agissant comme réunion des Parties au présent Accord à sa première session et lui rend compte chaque année.

Article 16

1. En tant qu'organe suprême de la Convention, la Conférence des Parties agit comme réunion des Parties au présent Accord.

2. Les Parties à la Convention qui ne sont pas Parties au présent Accord peuvent participer en qualité d'observateurs aux travaux de toute session de la Conférence des Parties agissant comme réunion des Parties au présent Accord. Lorsque la Conférence des Parties agit comme réunion des Parties au présent Accord, les décisions au titre dudit Accord sont prises uniquement par les Parties à la Convention qui sont Parties à l'Accord.

3. Lorsque la Conférence des Parties agit comme réunion des Parties au présent Accord, tout membre du Bureau de la Conférence des Parties représentant une Partie à la Convention mais qui, à ce moment-là, n'est pas Partie au présent Accord, est remplacé par un nouveau membre élu par les Parties à l'Accord et parmi celles-ci.

4. La Conférence des Parties agissant comme réunion des Parties au présent Accord fait régulièrement le point de la mise en œuvre du présent Accord et prend, dans les limites de son mandat, les décisions nécessaires pour en promouvoir la mise en œuvre effective. Elle exerce les fonctions qui lui sont conférées par le présent Accord et :

a) Elle crée les organes subsidiaires jugés nécessaires à la mise en œuvre du présent Accord;

b) Elle exerce les autres fonctions qui peuvent se révéler nécessaires aux fins de la mise en œuvre du présent Accord.

5. Le règlement intérieur de la Conférence des Parties et les procédures financières appliquées au titre de la Convention s'appliquent *mutatis mutandis* au titre du présent Accord, sauf si la Conférence des Parties agissant comme réunion des Parties au présent Accord en décide autrement par consensus.

6. Le secrétariat convoque la première session de la Conférence des Parties agissant comme réunion des Parties au présent Accord à l'occasion de la première session de la Conférence des Parties prévue après l'entrée en vigueur du présent Accord. Les sessions ordinaires ultérieures de la Conférence des Parties agissant comme réunion des Parties au présent Accord coïncideront avec les sessions ordinaires de la Conférence des Parties, à moins que la Conférence des Parties agissant comme réunion des Parties au présent Accord n'en décide autrement.

7. La Conférence des Parties agissant comme réunion des Parties au présent Accord tient des sessions extraordinaires à tout autre moment lorsqu'elle le juge nécessaire ou si une Partie en fait la demande par écrit, à condition que cette demande soit appuyée par un tiers au moins des Parties dans les six mois qui suivent sa communication aux Parties par le secrétariat.

8. L'Organisation des Nations Unies, ses institutions spécialisées et l'Agence internationale de l'énergie atomique, ainsi que tout État membre d'une de ces organisations ou doté du statut d'observateur auprès de l'une d'elles qui n'est pas Partie à la Convention, peuvent être représentés aux sessions de la Conférence des Parties agissant comme réunion des Parties au présent Accord en qualité d'observateurs. Tout organe ou organisme, national ou international, gouvernemental ou non gouvernemental, qui est compétent dans les domaines visés par le présent Accord et qui a fait savoir au secrétariat qu'il souhaitait être représenté en qualité d'observateur à une session de la Conférence des Parties agissant comme réunion des Parties au présent Accord peut y être admis en cette qualité à moins qu'un tiers au moins des Parties présentes n'y fassent objection. L'admission et la participation d'observateurs sont régies par le règlement intérieur visé au paragraphe 5 du présent article.

Article 17

1. Le secrétariat créé en application de l'article 8 de la Convention assure le secrétariat du présent Accord.

2. Le paragraphe 2 de l'article 8 de la Convention relatif aux fonctions de secrétariat et le paragraphe 3 de ce même article concernant les dispositions voulues pour son fonctionnement s'appliquent *mutatis mutandis* au présent Accord. Le secrétariat exerce en outre les fonctions qui lui sont confiées au titre du présent Accord et par la Conférence des Parties agissant comme réunion des Parties au présent Accord.

Article 18

1. L'Organe subsidiaire de conseil scientifique et technologique et l'Organe subsidiaire de mise en œuvre créés par les articles 9 et 10 de la Convention font office, respectivement, d'Organe subsidiaire de conseil scientifique et technologique et d'Organe subsidiaire de mise en œuvre du présent Accord. Les dispositions de la Convention relatives au fonctionnement de ces deux organes s'appliquent *mutatis mutandis* au présent Accord. Les réunions de l'Organe subsidiaire de conseil scientifique et technologique et de l'Organe subsidiaire de mise en œuvre du présent Accord coïncident avec celles de l'Organe subsidiaire de conseil scientifique et technologique et de l'Organe subsidiaire de mise en œuvre de la Convention.

2. Les Parties à la Convention qui ne sont pas Parties au présent Accord peuvent participer en qualité d'observateurs aux travaux de toute session des organes subsidiaires. Lorsque les organes subsidiaires agissent en tant qu'organes subsidiaires du présent Accord, les décisions au titre dudit Accord sont prises uniquement par les Parties à la Convention qui sont Parties à l'Accord.

3. Lorsque les organes subsidiaires créés par les articles 9 et 10 de la Convention exercent leurs fonctions dans un domaine qui relève du présent Accord, tout membre de leurs bureaux représentant une Partie à la Convention mais qui, à ce moment-là, n'est pas Partie au présent Accord, est remplacé par un nouveau membre élu par les Parties à l'Accord et parmi celles-ci.

Article 19

1. Les organes subsidiaires ou les autres dispositifs institutionnels créés par la Convention ou qui en relèvent, autres que ceux mentionnés dans le présent Accord, concourent à l'application du présent Accord sur décision de la Conférence des Parties agissant comme réunion des Parties au présent Accord. Celle-ci précise les fonctions qu'exerceront lesdits organes ou dispositifs.

2. La Conférence des Parties agissant comme réunion des Parties au présent Accord peut donner de nouvelles directives à ces organes subsidiaires et dispositifs institutionnels.

Article 20

1. Le présent Accord est ouvert à la signature et soumis à la ratification, l'acceptation ou l'approbation des États et des organisations régionales d'intégration économique qui sont Parties à la Convention. Il sera ouvert à la signature au Siège de l'Organisation des Nations Unies à New York du 22 avril 2016 au 21 avril 2017 et sera ouvert à l'adhésion dès le lendemain du jour où il cessera d'être ouvert à la signature. Les instruments de ratification, d'acceptation, d'approbation ou d'adhésion sont déposés auprès du Dépositaire.

2. Toute organisation régionale d'intégration économique qui devient Partie au présent Accord sans qu'aucun de ses États membres y soit Partie est liée par toutes les obligations découlant du présent Accord. Lorsqu'un ou plusieurs États membres d'une organisation régionale d'intégration économique sont Parties au présent Accord, cette organisation et ses États membres conviennent de leurs responsabilités respectives aux fins de l'exécution de leurs obligations au titre du présent Accord. En pareil cas, l'organisation et ses États membres ne sont pas habilités à exercer concurremment les droits découlant du présent Accord.

3. Dans leurs instruments de ratification, d'acceptation, d'approbation ou d'adhésion, les organisations régionales d'intégration économique indiquent l'étendue de leur compétence à l'égard des questions régies par le présent Accord. En outre, ces organisations informent le Dépositaire, qui en informe à son tour les Parties, de toute modification importante de l'étendue de leur compétence.

Article 21

1. Le présent Accord entre en vigueur le trentième jour qui suit la date du dépôt de leurs instruments de ratification, d'acceptation, d'approbation ou d'adhésion par au moins 55 Parties à la Convention qui représentent au total au moins un pourcentage estimé à 55 % du total des émissions mondiales de gaz à effet de serre.

2. Aux seules fins du paragraphe 1 du présent article, on entend par « total des émissions mondiales de gaz à effet de serre » la quantité la plus récente communiquée le jour de l'adoption du présent Accord par les Parties à la Convention ou avant cette date.

3. À l'égard de chaque État ou organisation régionale d'intégration économique qui ratifie, accepte ou approuve l'Accord ou y adhère une fois que les conditions requises pour l'entrée en vigueur énoncées au paragraphe 1 du présent article ont été remplies, le présent Accord entre en vigueur le trentième jour qui suit la date du

dépôt par cet État ou cette organisation de son instrument de ratification, d'acceptation, d'approbation ou d'adhésion.

4. Aux fins du paragraphe 1 du présent article, tout instrument déposé par une organisation régionale d'intégration économique ne s'ajoute pas à ceux qui sont déposés par les États membres de cette organisation.

Article 22

Les dispositions de l'article 15 de la Convention relatif à l'adoption d'amendements s'appliquent *mutatis mutandis* au présent Accord.

Article 23

1. Les dispositions de l'article 16 de la Convention relatives à l'adoption et à l'amendement d'annexes de la Convention s'appliquent *mutatis mutandis* au présent Accord.

2. Les annexes du présent Accord font partie intégrante de celui-ci et, sauf disposition contraire expresse, toute référence au présent Accord constitue en même temps une référence à ses annexes. Celles-ci se limitent à des listes, formules et autres documents descriptifs de caractère scientifique, technique, procédural ou administratif.

Article 24

Les dispositions de l'article 14 de la Convention relatif au règlement des différends s'appliquent *mutatis mutandis* au présent Accord.

Article 25

1. Chaque Partie dispose d'une voix, sous réserve des dispositions du paragraphe 2 du présent article.

2. Dans les domaines de leur compétence, les organisations régionales d'intégration économique disposent, pour exercer leur droit de vote, d'un nombre de voix égal au nombre de leurs États membres qui sont Parties au présent Accord.

Ces organisations n'exercent pas leur droit de vote si l'un quelconque de leurs États membres exerce le sien, et inversement.

Article 26

Le Secrétaire général de l'Organisation des Nations Unies est le Dépositaire du présent Accord.

Article 27

Aucune réserve ne peut être faite au présent Accord.

Article 28

1. À l'expiration d'un délai de trois ans à compter de la date d'entrée en vigueur du présent Accord à l'égard d'une Partie, cette Partie peut, à tout moment, le dénoncer par notification écrite adressée au Dépositaire.

2. Cette dénonciation prend effet à l'expiration d'un délai d'un an à compter de la date à laquelle le Dépositaire en reçoit notification, ou à toute date ultérieure pouvant être spécifiée dans ladite notification.

3. Toute Partie qui aura dénoncé la Convention sera réputée avoir dénoncé également le présent Accord.

Article 29

L'original du présent Accord, dont les textes anglais, arabe, chinois, espagnol, français et russe font également foi, sera déposé auprès du Secrétaire général de l'Organisation des Nations Unies.

FAIT à Paris le douze décembre deux mille quinze.

EN FOI DE QUOI les soussignés, dûment autorisés à cet effet, ont signé le présent Accord.

Le texte en langue arabe a été publié dans l'édition générale du « Bulletin officiel » n° 6516 du 10 safar 1438 (10 novembre 2016).

TEXTES GENERAUX

Dahir n° 1-17-02 du 2 joumada I 1438 (31 janvier 2017) portant publication de l'Acte constitutif de l'Union africaine, fait à Lomé (Togo) le 11 juillet 2000 et du Protocole sur les amendements annexé audit Acte, adopté à Addis-Abeba (Ethiopie) le 3 février 2003 et à Maputo (Mozambique) le 11 juillet 2003.

LOUANGE A DIEU SEUL !

(Grand Sceau de Sa Majesté Mohammed VI)

Que l'on sache par les présentes – puisse Dieu en élever et en fortifier la teneur !

Que Notre Majesté Chérifienne,

Vu l'Acte constitutif de l'Union africaine, fait à à Lomé (Togo) le 11 juillet 2000 et le Protocole sur les amendements annexé audit Acte, adopté à Addis-Abeba (Ethiopie) le 3 février 2003 et à Maputo (Mozambique) le 11 juillet 2003 ;

Vu la loi n° 01-17 portant approbation de l'Acte constitutif et du Protocole y annexé précités, promulguée par le dahir n° 1-17-01 du 21 rabii II 1438 (20 janvier 2017) ;

Vu le procès-verbal de dépôt des instruments d'adhésion du Royaume du Maroc à l'Acte constitutif précité et au Protocole sur les amendements y annexé effectué à Addis-Abeba le 31 janvier 2017,

A DÉCIDÉ CE QUI SUIT :

Seront publiés au *Bulletin officiel*, à la suite du présent dahir, l'Acte constitutif de l'Union africaine, fait à Lomé (Togo) le 11 juillet 2000 et le Protocole sur les amendements annexé audit Acte, adopté à Addis-Abeba (Ethiopie) le 3 février 2003 et à Maputo (Mozambique) le 11 juillet 2003.

Fait à l'Ambassade du Royaume du Maroc à Addis-Abeba, le 2 joumada I 1438 (31 janvier 2017).

Pour contreseing :

Le Chef du gouvernement,

ABDEL-ILAH BENKIRAN.

*

* *

ACTE CONSTITUTIF DE L'UNION AFRICAINE

Nous, Chefs d'Etat et de Gouvernement des Etats membres de l'Organisation de l'Unité Africaine (OUA) ;

1. Le Président de la République d'Afrique du Sud
2. Le Président de la République Algérienne Démocratique et Populaire
3. Le Président de la République d'Angola
4. Le Président de la République du Bénin
5. Le Président de la République du Botswana
6. Le Président du Burkina Faso
7. Le Président de la République du Burundi
8. Le Président de la République du Cameroun
9. Le Président de la République du Cap Vert
10. Le Président de la République Centrafricaine
11. Le Président de la République Fédérale Islamique des Comores
12. Le Président de la République du Congo
13. Le Président de la République de Côte d'Ivoire
14. Le Président de la République de Djibouti
15. Le Président de la République Arabe d'Egypte
16. Le Premier Ministre de la République Fédérale et Démocratique d'Ethiopie
17. Le Président de l'Etat d'Erythrée
18. Le Président de la République Gabonaise
19. Le Président de la République de Gambie
20. Le Président de la République du Ghana
21. Le Président de la République de Guinée
22. Le Président de la République de Guinée Bissau
23. Le Président de la République de Guinée Equatoriale
24. Le Président de la République du Kenya
25. Le Premier Ministre du Royaume du Lesotho
26. Le Président de la République du Libéria
27. Le Guide de la Révolution du 1er septembre de la Grande Jamahiriya Arabe Libyenne Populaire et Socialiste
28. Le Président de la République de Madagascar
29. Le Président de la République du Malawi
30. Le Président de la République du Mali
31. Le Premier Ministre de la République de Maurice

32. Le Président de le République Islamique de Mauritanie
33. Le Président de la République du Mozambique
34. Le Président de la République de Namibie
35. Le Président de la République du Niger
36. Le Président de la République Fédérale du Nigeria
37. Le Président de la République Ougandaise
38. Le Président de la République Rwandaise
39. Le Président de la République Démocratique du Congo
40. Le Président de la République Arabe Sahraouie Démocratique
41. Le Président de la République de Sao Tome & Principe
42. Le Président de la République du Sénégal
43. Le Président de la République des Seychelles
44. Le Président de la République de Sierra Léone
45. Le Président de la République de Somalie
46. Le Président de la République du Soudan
47. Le Roi du Swaziland
48. Le Président de la République Unie de Tanzanie
49. Le Président de la République du Tchad
50. Le Président de la République Togolaise
51. Le Président de la République de Tunisie
52. Le Président de la République de Zambie
53. Le Président de la République du Zimbabwe

Inspirés par les nobles idéaux qui ont guidé les Pères fondateurs de notre Organisation continentale et des générations de panafricanistes dans leur détermination à promouvoir l'unité, la solidarité, la cohésion et la coopération entre les peuples d'Afrique, et entre les Etats africains ;

Considérant les principes et les objectifs énoncés dans la Charte de l'Organisation de l'Unité Africaine et le Traité instituant la Communauté économique africaine ;

Rappelant les luttes héroïques menées par nos peuples et nos pays pour l'indépendance politique, la dignité humaine et l'émancipation économique ;

Considérant que depuis sa création, l'Organisation de l'Unité Africaine a joué un rôle déterminant et précieux dans la libération du continent, l'affirmation d'une identité commune et la réalisation de l'unité de notre continent, et a constitué un cadre unique pour notre action collective en Afrique et dans nos relations avec le reste du monde ;

Résolus à relever les défis multiformes auxquels sont confrontés notre continent et nos peuples, à la lumière des changements sociaux, économiques et politiques qui se produisent dans le monde ;

Convaincus de la nécessité d'accélérer le processus de mise en œuvre du Traité instituant la Communauté économique africaine afin de promouvoir le développement socio -économique de l'Afrique et de faire face de manière plus efficace aux défis de la mondialisation ;

Guidés par notre vision commune d'une Afrique unie et forte, ainsi que par la nécessité d'instaurer un partenariat entre les gouvernements et toutes les composantes de la société civile, en particulier les femmes, les jeunes et le secteur privé, afin de renforcer la solidarité et la cohésion entre nos peuples ;

Conscients du fait que le fléau des conflits en Afrique constitue un obstacle majeur au développement socio -économique du continent, et de la nécessité de promouvoir la paix, la sécurité et la stabilité, comme condition préalable à la mise en œuvre de notre agenda dans le domaine du développement et de l'intégration ;

Résolus à promouvoir et à protéger les droits de l'homme et des peuples, à consolider les institutions et la culture démocratiques, à promouvoir la bonne gouvernance et l'Etat de droit ;

Résolus également à prendre toutes les mesures nécessaires pour renforcer nos institutions communes et à les doter des pouvoirs et des ressources nécessaires afin de leur permettre de remplir efficacement leurs missions ;

Rappelant la Déclaration que nous avons adoptée lors de la quatrième session extraordinaire de notre Conférence à Syrte, en Grande Jamahiriya arabe libyenne populaire socialiste, le 9.9.99, et par laquelle nous avons décidé de créer l'Union africaine, conformément aux objectifs fondamentaux de la Charte de l'Organisation de l'Unité Africaine (OUA) et du Traité instituant la Communauté économique africaine ;

SOMMES CONVENUS DE CE QUI SUIT :

Article Premier

Définitions

Dans le présent Acte constitutif, on entend par :

«Acte », le présent Acte constitutif ;

«AEC », la Communauté économique africaine ;

«Charte », la Charte de l'OUA ;

«Comité », un comité technique spécialisé ;

«Commission », le Secrétariat de l'Union ;

«Conférence », la Conférence des Chefs d'Etat et de Gouvernement de l'Union ;

«Conseil », le Conseil économique, social et culturel de l'Union ;

«Conseil exécutif », le Conseil exécutif des Ministres de l'Union;

«Cour », la Cour de justice de l'Union ;

«Etat membre », un Etat membre de l'Union ;

«OUA », l'Organisation de l'Unité Africaine ;

«Parlement », le Parlement panafricain de l'Union ;

«Union », l'Union africaine créée par le présent Acte constitutif.

Article 2

Institution de l'Union africaine

Il est institué par les présentes une Union africaine conformément aux dispositions du présent Acte.

Article 3

Objectifs

Les objectifs de l'Union sont les suivants :

(a) réaliser une plus grande unité et solidarité entre les pays africains et entre les peuples d'Afrique ;

(b) défendre la souveraineté, l'intégrité territoriale et l'indépendance de ses Etats membres ;

(c) accélérer l'intégration politique et socio-économique du continent ;

(d) promouvoir et défendre les positions africaines communes sur les questions d'intérêt pour le continent et ses peuples ;

(e) favoriser la coopération internationale, en tenant dûment compte de la Charte des Nations Unies et de la Déclaration universelle des droits de l'homme ;

(f) promouvoir la paix, la sécurité et la stabilité sur le continent ;

(g) promouvoir les principes et les institutions démocratiques, la participation populaire et la bonne gouvernance ;

(h) promouvoir et protéger les droits de l'homme et des peuples conformément à la Charte africaine des droits de l'homme et des peuples et aux autres instruments pertinents relatifs aux droits de l'homme ;

(i) créer les conditions appropriées permettant au continent de jouer le rôle qui est le sien dans l'économie mondiale et dans les négociations internationales ;

(j) promouvoir le développement durable aux plans économique, social et culturel, ainsi que l'intégration des économies africaines ;

(k) promouvoir la coopération et le développement dans tous les domaines de l'activité humaine en vue de relever le niveau de vie des peuples africains ;

(l) coordonner et harmoniser les politiques entre les Communautés économiques régionales existantes et futures en vue de la réalisation graduelle des objectifs de l'Union;

(m) accélérer le développement du continent par la promotion de la recherche dans tous les domaines, en particulier en science et en technologie ;

(n) œuvrer de concert avec les partenaires internationaux pertinents en vue de l'éradication des maladies évitables et de la promotion de la santé sur le continent.

Article 4

Principes

L'Union africaine fonctionne conformément aux principes suivants :

(a) Egalité souveraine et interdépendance de tous les Etats membres de l'Union ;

(b) Respect des frontières existant au moment de l'accession à l'indépendance ;

(c) Participation des peuples africains aux activités de l'Union ;

(d) Mise en place d'une politique de défense commune pour le continent africain;

(e) Règlement pacifique des conflits entre les Etats membres de l'Union par les moyens appropriés qui peuvent être décidés par la Conférence de l'Union ;

(f) Interdiction de recourir ou de menacer de recourir à l'usage de la force entre les Etats membres de l'Union ;

(g) Non-ingérence d'un Etat membre dans les affaires intérieures d'un autre Etat membre ;

(h) Le droit de l'Union d'intervenir dans un Etat membre sur décision de la Conférence, dans certaines circonstances graves, à savoir : les crimes de guerre, le génocide et les crimes contre l'humanité;

(i) Coexistence pacifique entre les Etats membres de l'Union et leur droit de vivre dans la paix et la sécurité ;

(j) Droit des Etats membres de solliciter l'intervention de l'Union pour restaurer la paix et la sécurité ;

(k) Promotion de l'auto-dépendance collective, dans le cadre de l'Union ;

(l) Promotion de l'égalité entre les hommes et les femmes ;

(m) Respect des principes démocratiques, des droits de l'homme, de l'état de droit et de la bonne gouvernance;

(n) Promotion de la justice sociale pour assurer le développement économique équilibré;

(o) Respect du caractère sacro -saint de la vie humaine et condamnation et rejet de l'impunité, des assassinats politiques, des actes de terrorisme et des activités subversives;

(p) Condamnation et rejet des changements anticonstitutionnels de gouvernement.

Article 5

Organes de l'Union

1. Les organes de l'Union sont les suivants :

(a) La Conférence de l'Union

(b) Le Conseil exécutif ;

(c) Le Parlement panafricain ;

(d) La Cour de justice ;

(e) La Commission;

(f) Le Comité des représentants permanents ;

(g) Les Comités techniques spécialisés;

(h)Le Conseil économique, social et culturel;

(i)Les institutions financières.

2. La Conférence peut décider de créer d'autres organes.

Article 6

La Conférence

1. La Conférence est composée des Chefs d'Etat et de Gouvernement ou de leurs représentants dûment accrédités.

2. La Conférence est l'organe suprême de l'Union.

3. La Conférence se réunit au moins une fois par an en session ordinaire. A la demande d'un Etat membre et sur approbation des deux tiers des Etats membres, elle se réunit en session extraordinaire.

4. La présidence de la Conférence est assurée pendant un an par un chef d'Etat et de Gouvernement élu, après consultations entre les Etats membres.

Article 7

Décisions de la Conférence

1. La Conférence prend ses décisions par consensus ou, à défaut, à la majorité des deux tiers des Etats membres de l'Union. Toutefois, les décisions de procédure, y compris pour déterminer si une question est de procédure ou non, sont prises à la majorité simple.

2. Le quorum est constitué des deux tiers des Etats membres de l'Union pour toute session de la Conférence.

Article 8

Règlement intérieur de la Conférence

La Conférence adopte son propre Règlement intérieur.

Article 9

Pouvoirs et attributions de la Conférence

1. Les pouvoirs et attributions de la Conférence sont les suivants :

(a) Définir les politiques communes de l'Union ;

(b) Recevoir, examiner et prendre des décisions sur les rapports et les recommandations des autres organes de l'Union et prendre des décisions à ce sujet ;

(c) Examiner les demandes d'adhésion à l'Union ;

(d) Créer tout organe de l'Union ;

(e) Assurer le contrôle de la mise en œuvre des politiques et décisions de l'Union, et veiller à leur application par tous les Etats membres ;

(f) Adopter le budget de l'Union;

(g) Donner des directives au Conseil exécutif sur la gestion des conflits, des situations de guerre et autres situations d'urgence ainsi que sur la restauration de la paix;

(h) Nommer et mettre fin aux fonctions des juges de la Cour de justice ;

(i) Nommer le Président, le ou les vice-présidents et les Commissaires de la Commission, et déterminer leurs fonctions et leurs mandats.

2. La Conférence peut déléguer certains de ses pouvoirs et attributions à l'un ou l'autre des organes de l'Union.

Article 10

Le Conseil exécutif

1. Le Conseil exécutif est composé des Ministres des Affaires étrangères ou de tous autres ministres ou autorités désignés par les gouvernements des Etats membres.

2. Le Conseil exécutif se réunit en session ordinaire au moins deux fois par an. Il se réunit aussi en session extraordinaire à la demande d'un Etat membre et sous réserve de l'approbation des deux tiers de tous les Etats membres.

Article 11

Décisions du Conseil exécutif

1. Le Conseil exécutif prend ses décisions par consensus ou, à défaut, à la majorité des deux tiers des Etats membres de l'Union. Toutefois, les décisions de procédure, y compris pour déterminer si une question est de procédure ou non, sont prises à la majorité simple.

2. Le quorum est constitué des deux tiers de tous les Etats membres pour toute session du Conseil exécutif.

Article 12

Règlement intérieur du Conseil exécutif

Le Conseil exécutif adopte son propre Règlement intérieur.

Article 13

Attributions du Conseil exécutif

1. Le Conseil exécutif assure la coordination et décide des politiques dans les domaines d'intérêt communs pour les Etats membres, notamment les domaines suivants :

(a) Commerce extérieur;

(b) Energie, industrie et ressources minérales ;

(c) Alimentation, agriculture, ressources animales, élevage et forêts;

(d) Ressources en eau et irrigation ;

(e) Protection de l'environnement, action humanitaire et réaction et secours en cas de catastrophe ;

(f) Transport et communication;

(g) Assurances ;

(h) Education, culture et santé et mise en valeur des ressources humaines;

(i) Science et technologie;

(j) Nationalité, résidence des ressortissants étrangers et questions d'immigration ;

(k) Sécurité sociale et élaboration de politiques de protection de la mère et de l'enfant, ainsi que de politiques en faveur des personnes handicapées ;

(l) Institution d'un système de médailles et de prix africains.

2. Le Conseil exécutif est responsable devant la Conférence. Il se réunit pour examiner les questions dont il est saisi et contrôler la mise en œuvre des politiques arrêtées par la Conférence.

3. Le Conseil exécutif peut déléguer tout ou partie de ses pouvoirs et attributions mentionnés au paragraphe 1 du présent article aux

Comités techniques spécialisés créés aux termes de l'article 14 du présent Acte.

Article 14

Les Comités techniques spécialisés

Création et composition

1. Sont créés les Comités techniques spécialisés suivants qui sont responsables devant le Conseil exécutif:

(a) Le Comité chargé des questions d'économie rurale et agricoles ;

(b) Le Comité chargé des affaires monétaires et financières ;

(c) Le Comité chargé des questions commerciales, douanières et d'immigration ;

(d) Le Comité chargé de l'industrie, de la science et de la technologie, de l'énergie, des ressources naturelles et de l'environnement ;

(e) Le Comité chargé des transports, des communications et du tourisme ;

(f) Le Comité chargé de la santé, du travail et des affaires sociales ;

(g) Le Comité chargé de l'éducation, de la culture et des ressources humaines.

2. La Conférence peut, si elle le juge nécessaire, restructurer les Comités existants ou en créer de nouveaux.

3. Les Comités techniques spécialisés sont composés des ministres ou des hauts fonctionnaires chargés des secteurs relevant de leurs domaines respectifs de compétence.

Article 15

Attributions des Comités techniques spécialisés

Chacun des comités, dans le cadre de sa compétence, a pour mandat de :

(a) préparer des projets et programmes de l'Union et les soumettre au Conseil exécutif ;

(b) assurer le suivi et l'évaluation de la mise en œuvre des décisions prises par les organes de l'Union ;

(c) assurer la coordination et l'harmonisation des projets et programmes de l'Union ;

(d) présenter des rapports et des recommandations au Conseil exécutif, soit de sa propre initiative, soit à la demande du Conseil exécutif, sur l'exécution des dispositions du présent Acte ; et

(e) s'acquitter de toute tâche qui pourrait lui être confiée, en application des dispositions du présent Acte.

Article 16

Réunions

Sous réserve des directives qui peuvent être données par le Conseil exécutif, chaque Comité se réunit aussi souvent que nécessaire et établit son Règlement intérieur qu'il soumet au Conseil exécutif, pour approbation.

Article 17

Le Parlement panafricain

1. En vue d'assurer la pleine participation des peuples africains au développement et à l'intégration économique du continent, il est créé un Parlement panafricain.

2. La composition, les pouvoirs, les attributions et l'organisation du Parlement panafricain sont définis dans un protocole y afférent.

Article 18

Cour de justice

1. Il est créé une Cour de justice de l'Union.

2. Les statuts, la composition et les pouvoirs de la Cour de justice sont définis dans un protocole y afférent.

Article 19

Les institutions financières

L'Union africaine est dotée des institutions financières suivantes, dont les statuts sont définis dans des protocoles y afférents :

(a) La Banque centrale africaine ;

(b) Le Fonds monétaire africain ;

(c) La Banque africaine d'investissement.

Article 20

La Commission

1. Il est créé une Commission qui est le Secrétariat de l'Union.

2. La Commission est composée du Président, du ou des vice- présidents et des commissaires. Ils sont assistés par le personnel nécessaire au bon fonctionnement de la Commission.

3. La structure, les attributions et les règlements de la Commission sont déterminés par la Conférence.

Article 21

Comité des représentants permanents

1. Il est créé, auprès de l'Union, un Comité des représentants permanents. Il est composé de représentants permanents et autres plénipotentiaires des Etats membres.

2. Le Comité des représentants permanents est responsable de la préparation des travaux du Conseil exécutif et agit sur instruction du Conseil. Il peut instituer tout sous-comité ou groupe de travail qu'il juge nécessaire.

Article 22

Le Conseil économique, social et culturel

1. Le Conseil économique, social et culturel est un organe consultatif composé des représentants des différentes couches socio- professionnelles des Etats membres de l'Union.

2. Les attributions, les pouvoirs, la composition et l'organisation du Conseil économique, social et culturel sont déterminés par la Conférence.

Article 23

Imposition de sanctions

1. La Conférence détermine comme suit les sanctions appropriées à imposer à l'encontre de tout Etat membre qui serait en défaut de paiement de ses contributions au budget de l'Union : privation du droit de prendre la parole aux réunions, droit de vote, droit pour les ressortissants de l'Etat membre concerné d'occuper un poste ou une fonction au sein des organes de l'Union, de bénéficier de toute activité ou de l'exécution de tout engagement dans le cadre de l'Union.

2. En outre, tout Etat membre qui ne se conformerait pas aux décisions et politiques de l'Union peut être frappé de sanctions notamment en matière de liens avec les autres Etats membres dans le domaine des transports et communications, et de toute autre mesure déterminée par la Conférence dans les domaines politique et économique.

Article 24

Siège de l'Union

1. Le siège de l'Union est à Addis-Abeba (République fédérale démocratique d'Ethiopie).

2. La Conférence peut, sur recommandation du Conseil exécutif, créer des bureaux ou des représentations de l'Union.

Article 25

Langues de travail

Les langues de travail de l'Union et de toutes ses institutions sont, si possible, les langues africaines ainsi que l'arabe, l'anglais, le français et le portugais.

Article 26

Interprétation

La Cour est saisie de toute question née de l'interprétation ou de l'application du présent Acte. Jusqu'à la mise en place de celle -ci, la question est soumise à la Conférence qui tranche à la majorité des deux tiers.

Article 27

Signature, ratification et adhésion

1. Le présent Acte est ouvert à la signature et à la ratification des Etats membres de l'OUA, conformément à leurs procédures constitutionnelles respectives.

2. Les instruments de ratification sont déposés auprès du Secrétaire général de l'OUA.

3. Tout Etat membre de l'OUA peut adhérer au présent Acte, après son entrée en vigueur, en déposant ses instruments d'adhésion auprès du Président de la Commission.

Article 28

Entrée en vigueur

Le présent Acte entre en vigueur trente (30) jours après le dépôt des instruments de ratification par les deux tiers des Etats membres de l'OUA.

Article 29

Admission comme membre de l'Union

1. Tout Etat africain peut, à tout moment après l'entrée en vigueur du présent Acte, notifier au Président de la Commission son intention d'adhérer au présent Acte et d'être admis comme membre de l'Union.

2. Le Président de la Commission, dès réception d'une telle notification, en communique copies à tous les Etats membres. L'admission est décidée à la majorité simple des Etats membres. La décision de chaque Etat membre est transmise au Président de la Commission qui communique la décision d'admission à l'Etat intéressé, après réception du nombre de voix requis.

Article 30

Suspension

Les Gouvernements qui accèdent au pouvoir par des moyens anticonstitutionnels ne sont pas admis à participer aux activités de l'Union.

Article 31

Cessation de la qualité de membre

1. Tout Etat qui désire se retirer de l'Union en notifie par écrit le Président de la Commission qui en informe les Etats membres. Une année après ladite notification, si celle-ci n'est pas retirée, le présent Acte cesse de s'appliquer à l'Etat concerné qui, de ce fait, cesse d'être membre de l'Union.

2. Pendant la période d'un an visée au paragraphe 1 du présent article, tout Etat membre désireux de se retirer de l'Union doit se conformer aux dispositions du présent Acte et reste tenu de s'acquitter de ses obligations aux termes du présent Acte jusqu'au jour de son retrait.

Article 32

Amendement et révision

1. Tout Etat membre peut soumettre des propositions d'amendement ou de révision du présent Acte.

2. Les propositions d'amendement ou de révision sont soumises au Président de la Commission qui en communique copies aux Etats membres dans les trente (30) jours suivant la date de réception.

3. La Conférence de l'Union, sur avis du Conseil exécutif, examine ces propositions dans un délai d'un an suivant la notification des Etats membres, conformément aux dispositions du paragraphe (2) du présent article.

4. Les amendements ou révisions sont adoptés par la Conférence de l'Union par consensus ou, à défaut, à la majorité des deux tiers, et soumis à la ratification de tous les Etats membres, conformément à leurs procédures constitutionnelles respectives. Les amendements ou révisions entrent en vigueur trente (30) jours après le dépôt, auprès du Président de la Commission exécutive, des instruments de ratification par les deux tiers des Etats membres.

Article 33

Arrangements transitoires et dispositions finales

1. Le présent Acte remplace la Charte de l'Organisation de l'Unité Africaine. Toutefois, ladite Charte reste en vigueur pendant une période transitoire n'excédant pas un an ou tout autre délai déterminé par la Conférence, après l'entrée en vigueur du présent Acte, pour permettre à l'OUA/AEC de prendre les mesures appropriées pour le transfert de ses prérogatives, de ses biens, de ses droits et de ses obligations à l'Union et de régler toutes les questions y afférentes.

2. Les dispositions du présent Acte ont également préséance et remplacent les dispositions du Traité d'Abuja instituant la Communauté économique africaine, qui pourraient être contraires au présent Acte.

3. Dès l'entrée en vigueur du présent Acte, toutes les mesures appropriées sont prises pour mettre en œuvre ses dispositions et pour mettre en place les organes prévus par le présent Acte, conformément aux directives ou décisions qui pourraient être adoptées à cet égard par les Etats Parties au présent Acte au cours de la période de transition stipulée ci-dessus.

4. En attendant la mise en place de la Commission, le Secrétariat général de l'OUA est le Secrétariat intérimaire de l'Union.

5. Le présent Acte, établi en quatre (4) exemplaires originaux en arabe, anglais, français et portugais, les quatre (4) textes faisant également foi, est déposé auprès du Secrétaire général et, après son entrée en vigueur, auprès du Président de la Commission, qui en transmet une copie certifiée conforme au Gouvernement de chaque Etat signataire. Le Secrétaire général de l'OUA et le Président de la Commission notifient à tous les Etats signataires, les dates de dépôt des instruments de ratification et d'adhésion, et l'enregistrent, dès son entrée en vigueur, auprès du Secrétariat général des Nations Unies.

EN FOI DE QUOI, NOUS avons adopté le présent Acte.

Fait à Lomé (Togo), le 11 juillet 2000.

*

* *

PROTOCOLE SUR LES AMENDEMENTS A L'ACTE CONSTITUTIF DE L'UNION AFRICAINE

Les Etats membres de l'Union africaine, Etats parties à l'Acte constitutif instituant l'Union africaine.

ONT CONVENU D'ADOPTER LES AMENDEMENTS A L'ACTE CONSTITUTIF COMME SUIT :

Article 1
Définitions

Dans le présent Protocole, sauf indication contraire, les expressions suivantes s'entendent par :

« Acte », l'Acte constitutif ;

« Conférence », la Conférence des chefs d'Etat et de gouvernement de l'Union ;

« Président », le Président de la Conférence des chefs d'Etat et de Gouvernement de l'Union ;

« Cour », la Cour de justice de l'Union et Cour de justice s'entend de la même manière ;

« Union », l'Union africaine.

Article 2
Préambule

Au premier paragraphe du Préambule de l'Acte constitutif, le remplacement des termes « pères fondateurs » par fondateurs.

Article 3
Objectif

A l'article 3 de l'Acte (Objectifs), l'insertion de trois nouveaux sous-paragraphes (i), (p) et (q) entraînant la renumérotation des sous-paragraphes :

Les objectifs de l'Union sont :

....

(i) Assurer la participation des femmes au processus de prise de décisions, notamment dans les domaines politique, économique et socio-culturel ;

....

(p) Développer et promouvoir des politiques communes sur le commerce, la défense et les relations extérieures en vue d'assurer la défense du continent et le renforcement de sa position de négociation ;

(q) Inviter et encourager la participation effective des Africains de la diaspora, en tant que partie importante de notre continent, à la construction de l'Union africaine.

Article 4
Principes

A l'article 4 de l'Acte (Principes), un ajout au sous-paragraphe (h) et l'insertion de deux nouveaux sous-paragraphes (q) et (r) :

....

(h) Le droit de l'Union d'intervenir dans un Etat membre sur décision de la Conférence, dans certaines circonstances graves, à savoir : les crimes de guerre, le génocide et les crimes contre l'humanité ainsi qu'une menace grave de l'ordre légitime afin de restaurer la paix et la stabilité dans l'Etat membre de l'Union sur la recommandation du Conseil de Paix et de Sécurité ;

....

(q) Abstention pour tout Etat membre de conclure des traités ou alliances qui sont incompatibles avec les principes et objectifs de l'Union ;

(r) Interdiction à tout Etat membre d'autoriser l'utilisation de son territoire comme base de subversion contre un autre Etat membre.

Article 5
Organes de l'Union

A l'article 5 de l'Acte (Organes de l'Union), l'insertion d'un nouveau sous-paragraphe (f) entraînant la renumérotation des sous-paragraphes suivants :

....

(f) Le Conseil de paix et de sécurité

....

Article 6
La Conférence

A l'article 6 de l'Acte (la Conférence) et partout où il apparaît dans l'Acte, procéder au remplacement du terme anglais «Chairman» par «Chairperson» ; la suppression de la deuxième phrase du sous-paragraphe 3 et l'insertion des nouveaux paragraphes 4, 5, 6 et 7.

....

3. La Conférence se réunit au moins une fois par an en session ordinaire.

4. A l'initiative du Président après consultation avec tous les Etats membres, ou à la demande d'un Etat membre et après approbation par la majorité des deux tiers des Etats membres, la Conférence se réunit en session extraordinaire.

5. La Conférence élit son Président parmi les chefs d'Etat ou de gouvernement au début de chaque session ordinaire et de manière rotative pour une période d'un an renouvelable.

6. Le Président est assisté par un Bureau choisi par la Conférence sur la base de la représentation géographique équitable.

7. Quand la Conférence se tient au Siège, l'élection du Président se fait en tenant compte du principe de rotation et de la répartition géographique équitable.

Article 7
Les Attributions du Président

L'insertion dans l'Acte d'un nouvel article 7 (bis) :

1. Le Président représente l'Union pendant son mandat en vue de promouvoir les objectifs et les principes de l'Union africaine, tels que stipulés dans les articles 3 et 4 de l'Acte. En collaboration avec le Président de la Commission, il/elle exerce les attributions de la Conférence conformément à l'article 9 (e) et (g) de l'Acte.

2. Le Président peut convoquer les sessions des autres organes, par le biais de leurs Présidents ou de leurs chefs exécutifs et conformément à leurs règlements intérieurs respectifs.

Article 8
Le Conseil exécutif

A l'article 10 de l'Acte (Le Conseil exécutif), l'insertion d'un nouveau paragraphe 3 :

....

3. Le Président du Conseil exécutif est assisté d'un Bureau choisi par le Conseil exécutif sur la base de la représentation géographique équitable.

Article 9
Conseil de paix et de sécurité

L'insertion dans l'Acte d'un nouvel article 20 (bis) :

1. Il est crée par les présentes un Conseil de paix et de sécurité (CPS) de l'Union, qui sera l'Organe de décision permanent pour la prévention, la gestion et le règlement des conflits.

2. Les attributions, les pouvoirs, la composition et l'organisation du CPS sont déterminés par la Conférence et indiqués dans un protocole y relatif.

Article 10
Le Comité des représentants permanents

A l'article 21 de l'Acte (le Comité des représentants permanents), l'insertion d'un nouveau paragraphe 3 :

3. Le Président du Comité des représentants permanents est assisté par un Bureau choisi sur la base de la représentation géographique équitable.

Article 11
Langues officielles

A l'article 25 de l'Acte (Langues de travail), remplacer le titre « Langues de travail » par « Langues Officielles » et remplacer la disposition existante par :

1. Les langues officielles de l'Union et de toutes ses institutions sont : l'arabe, l'anglais, le français, le portugais, l'espagnol, le kiswahili et toute autre langue africaine.

2. Le Conseil exécutif détermine le processus et les modalités pratiques d'utilisation des langues officielles comme langues de travail.

Article 12
Cessation de la qualité de membre

L'article 31 de l'Acte (Cessation de la qualité de membre) est supprimé.

Article 13
Entrée en vigueur

Le présent Protocole entre en vigueur trente (30) jours après le dépôt des instruments de ratification par la majorité des deux tiers des Etats membres.

Adopté par la 1ère session extraordinaire de la Conférence de l'Union à

Addis-Abeba (Ethiopie), le 3 février 2003

et

par la 2ème session ordinaire de la Conférence de l'Union à

Maputo (Mozambique), le 11 juillet 2003

INDEX ALPHABÉTIQUE

R

S

T

U

TABLE DES MATIÈRES

Le Maroc
aux éditions L'Harmattan

Dernières parutions

VISAGES ET PAYSAGES DU CŒUR DU MAROC
Carnets de voyages
Mdidech Jaouad
L'essentiel de cet ouvrage reproduit les reportages publiés par l'auteur dans l'hebdomadaire marocain *La vie économique.* À travers la variété des paysages marocains, où la rudesse de la vie côtoie la simplicité d'une population pauvre mais digne, l'auteur nous brosse quelques portraits d'un Maroc pluriel, où le legs du judaïsme est encore tenace. Il nous dévoile le Maroc profond, où l'eau est de plus en plus rare, où l'école est désertée par les filles, où le béton prend la place du pisé, mais où l'électrification est quasi généralisée et les moyens de communication de plus en plus envahissants.
(Coll. Écrire et Voyager, 16.50 euros, 152 p.)
ISBN : 978-2-343-10995-4, ISBN EBOOK : 978-2-14-003010-9

HABITAT DE LA BOURGEOISIE MAROCAINE
M'Hammedi Mouna
Il existe au Maroc une classe qui possède de multiples richesses et surplombe la société. La villa, objet architectural qui caractérise la bourgeoisie marocaine, est un élément de composition de la grande ville marocaine parmi d'autres. L'analyse consiste ici à faire des incursions dans l'espace domestique de ce groupe, à l'évaluer dans son mode d'habiter, à regarder les rapports établis entre la maison bourgeoise, son quartier et la ville en général.
(Coll. Questions contemporaines, 30.00 euros, 290 p.)
ISBN : 978-2-296-99843-8, ISBN EBOOK : 978-2-296-53180-2

UNE FEMME MAGHRÉBINE EN QUÊTE DE LIBERTÉ
Amir Laïla
«Ces pages contiennent des moments que j'ai vécus, des histoires que l'on m'a racontées, des souvenirs revisités. L'histoire de Malika n'est pas mon histoire : c'est une trajectoire migratoire comme il y en a eu des milliers, une manière d'être faite de rêves de liberté, de courage, d'audace, de résilience et de volonté d'émancipation.» (Laïla Amir)
(Coll. Histoire de vie et formation, 16.50 euros, 158 p.)
ISBN : 978-2-296-99776-9, ISBN EBOOK : 978-2-296-53092-8

UN SAINT MAROCAIN DU XIXe SIÈCLE
La sainteté en Islam et dans le soufisme
Zekri Mostafa
Le Shaykh Sîdî al-Hâjj 'Alî al-Ilghî al-Darqâwî représente l'une de ces nombreuses petites figures du soufisme dont la réputation reste locale. Pourtant, l'étude de sa vie et de sa doctrine s'avère enrichissante et indispensable à l'élaboration d'une théorie globale et exhaustive sur l'aspect ésotérique de l'islam et son impact sur les sociétés musulmanes. Le pouvoir politique marocain a ainsi choisi la perspective soufie pour réussir une réforme du champ religieux dans un contexte dominé par une compréhension littéraliste de l'islam, qui verse dans le radicalisme.
(21.00 euros, 214 p.)
ISBN : 978-2-336-29273-1, ISBN EBOOK : 978-2-296-51638-0

MON PÈRE AU COEUR DU JUDAÏSME MAROCAIN
Ohana Paul
A travers le témoignage/hommage de l'auteur pour l'action de son père, l'ouvrage apporte un éclairage nouveau sur la vie de la Communauté Juive au Maroc à un tournant critique de son histoire. Comment, en effet, une communauté implantée au Maroc depuis des siècles a-t-elle pu disparaître de la carte en quelques années ? Qui ont été les acteurs de cette disparition ? Quels ont été les rôles du Maroc, de la France, d'Israël dans cet exode ?
(Coll. Intelligence stratégique et géostratégique, 9.50 euros, 56 p.)
ISBN : 978-2-336-00181-4, ISBN EBOOK : 978-2-296-51001-2

L'HARMATTAN ITALIA
Via Degli Artisti 15; 10124 Torino
harmattan.italia@gmail.com

L'HARMATTAN HONGRIE
Könyvesbolt ; Kossuth L. u. 14-16
1053 Budapest

L'HARMATTAN KINSHASA
185, avenue Nyangwe
Commune de Lingwala
Kinshasa, R.D. Congo
(00243) 998697603 ou (00243) 999229662

L'HARMATTAN CONGO
67, av. E. P. Lumumba
Bât. – Congo Pharmacie (Bib. Nat.)
BP2874 Brazzaville
harmattan.congo@yahoo.fr

L'HARMATTAN GUINÉE
Almamya Rue KA 028, en face
du restaurant Le Cèdre
OKB agency BP 3470 Conakry
(00224) 657 20 85 08 / 664 28 91 96
harmattanguinee@yahoo.fr

L'HARMATTAN MALI
Rue 73, Porte 536, Niamakoro,
Cité Unicef, Bamako
Tél. 00 (223) 20205724 / +(223) 76378082
poudiougopaul@yahoo.fr
pp.harmattan@gmail.com

L'HARMATTAN CAMEROUN
TSINGA/FECAFOOT
BP 11486 Yaoundé
699198028/675441949
harmattancam@yahoo.com

L'HARMATTAN CÔTE D'IVOIRE
Résidence Karl / cité des arts
Abidjan-Cocody 03 BP 1588 Abidjan 03
(00225) 05 77 87 31
etien_nda@yahoo.fr

L'HARMATTAN BURKINA
Penou Achille Some
Ouagadougou
(+226) 70 26 88 27

L'HARMATTAN SÉNÉGAL
10 VDN en face Mermoz, après le pont de Fann
BP 45034 Dakar Fann
33 825 98 58 / 33 860 9858
senharmattan@gmail.com / senlibraire@gmail.com
www.harmattansenegal.com

www.ingramcontent.com/pod-product-compliance
Lightning Source LLC
LaVergne TN
LVHW010945061026
849535LV00007B/2584
* 9 7 8 2 3 4 3 1 3 9 6 4 7 *